기도의 골방

Fervent
by Priscilla Shirer

Copyright ⓒ 2015 by Priscilla Shirer
All rights reserved.
Published by B&H Publishing Group

Korean translation copyright ⓒ 2016 by Togijangi Publishing House
2F, 71-1, Donggyo-ro, Mapogu, Seoul 04018, Korea

This Korean edition is published by the permission of B&H Publishing Group(Nashville, Tennessee USA) through the arrangement of Riggins International Rights Service.

본 저작물의 한국어판 저작권은 Riggins International Rights Service를 통해 B&H Publishing Group과의 독점계약으로 한국어 판권을 '도서출판 토기장이'가 소유합니다. 저작권법에 의하여 한국 내에서 보호를 받는 저작물이므로 무단 복제를 금합니다.

특별한 표기가 없는 모든 성경 구절은 개역개정성경을 인용한 것입니다.

당신이 기도의 자리를 지킬 때
기도의 골방

프리실라 샤이러 지음 · 김진선 옮김

토기장이

손으로 적어서 드리는 기도가 얼마나 힘이 넘치는지를
가르쳐 주신 나의 할머니 애니 엘린 캐닝스 여사께
이 책을 바칩니다.

추천의 글

"열정적이면서 지속적이고
　초점을 맞춘, 전략적인 기도로 이끄는 안내서"

처음에 이 책을 읽으며 적지 않게 놀라웠다. 기도사역을 오랫동안 해왔고, 기도에 관한 책도 몇 권 집필한 나로서는 어느 곳에서 기도사역을 하든 성령님께서 동일하게 역사하시고 가르치시고 계신 것을 확인받는 듯 했다. 나는 한국에서, 이 책의 저자 프리실라 샤이러는 미국에서 성령께서 인도해 주시는 대로 기도를 가르치고, 기도의 삶을 도전해 오고 있는 것이다. 특히 프리실라는 영화 〈War Room〉에서 주인공으로 열연을 한 배우이기도 해서 그가 쓴 이 책이 몹시 궁금했다.

　저자는 천국의 능력을 지상으로 끌어오는 수단이 기도라고 말한다. 그리고 불붙는 듯한 간절한 기도의 싸움을 어떻게 해 나가야 할지를 자세하게 영역별로 제시해 준다. 크게는 초점을 맞추어 기도의 전략을 반드시 세우라고 도전한다. 무엇보다 그녀만의 특이한 점은 '적는 기도'이다. 자신의 할머니가 가족들을 위해 수 십 년간 적어오신 기도노트를 예를 들며 손으로 적어서 구체적으로 드리는 기도의 능력을 소개한다. 적는 기도의 유익은 내가 진정

필요한 것이 무엇인지 그리고 하나님이 어떻게 응답하셨는지 잊지 않기 위함이라고 말하는데 도전해 본다면 유익이 크리라 확신한다.

잃어버린 열정, 흔들리는 정체성, 결실하지 못하는 가족, 유혹받는 순결, 상처받은 마음, 불화와 분리의 관계 등 10여 가지의 주제에 대하여 우리가 어떤 공격을 받고 있는지를 세밀하게 짚어가며 그에 대한 기도의 방법을 제시한다.

찬양(P), 회개(R), 간구(A), 응답의 확인(Y) 순서대로 기도하는 구체적인 기도의 방법도 실제로 우리가 기도의 자리에서 적용해 본다면 유익이 클 것으로 확신한다. 또한 각 영역별로 적절하게 연관된 하나님의 말씀을 풍성하게 제시해 주기에 상당히 유익하다. 이 말씀들을 붙들고 기도한다면 기도의 능력을 반드시 체험하게 될 것이다. 사탄은 우리가 아무 열정도 능력도 기도도 없이 살아가기를 원하지만 저자는 지금까지의 어떤 영적 전쟁의 형태보다 구체적이고 세밀하게 독자들을 '기도의 용사'로 훈련시키고자 한다.

기도하지 않으면 인생을 살아 내는 것이 절대로 불가능하다고 저자는 말한다. 그래서 진정으로 삶이 바뀌기를 갈망한다면, 우리를 억압하는 것들에서 자유하기를 원한다면, 부르심대로 헌신하기를 원한다면, 가족들이 하나님의 보호의 울타리 속에서 살아가기를 원한다면 기도하라고 그녀는 도전한다. 나도 그녀의 생각에 전적인 지지를 보낸다.

결론적으로 저자가 이 책에서 제시하는 기도는 열정적이면서 지속적이고 역동적인 임재의 영향력을 갖는 기도이다. 무기력해진 많은 그리스도인들과 교회의 기도모임에 뜨거운 기도의 열정을 회복하게 해 줄 이 책을 기대와 기쁨으로 추천한다.

김현미 목사
Gim소그룹 중보기도사역단체 대표, 온누리교회 이천선교 중보기도 고문
「기도할 수밖에 없었어요」, 「우리 함께 기도해」 저자

"승리의 삶으로 이끌 맞춤 기도 전략"

블록버스터 크리스천 영화 〈War Room〉의 주인공 프리실라 샤이러가 쓴 「기도의 골방」은 우리에게 영적 전쟁을 위해 전략을 세우고 영적으로 무장하는 기도의 공간이 있어야 한다고 도전한다. 바로 이 순간에도 우리 마음과 가정과 일터와 교회와 나라를 잠식하려 하는 사탄의 공격이 치열하게 계속되고 있기 때문이다.

저자는 '유혹받는 순결, 죄책감과 수치심의 문제, 잃어버린 열정, 상처받은 마음' 등의 10여 개 영역을 집중적으로 다루면서 우리를 승리의 삶으로 이끌 맞춤 기도 전략을 공개한다.

본인의 저서 「하나님이 내시는 길」 메시지의 자극제가 되었던 놀라운 영적 전쟁 교본을 성도님들께 적극 추천한다.

한홍 목사
새로운교회 담임
「아멘 다음이 중요하다」, 「거인들의 발자국」, 「하나님이 내시는 길」 저자

―――――― 차례 ――――――

추천의 글
프롤로그

※기도로 열기

전략 1 · 열정
　　: 사라진 열정을 회복하라　　　　　　　　43

전략 2 · 초점
　　: 진짜 적(敵)이 누구인지 알아채라　　　　61

전략 3 · 정체성
　　: 당신이 누구인지를 반드시 기억하라　　　79

전략 4 · 가족
　　: 사랑하는 이들의 삶에 기도로 보호막을 두르라　　97

전략 5 · 과거
　　: 죄책감과 수치심, 후회의 지배에서 벗어나라　　121

전략 6 · 두려움
: 염려에 맞서 당신의 부르심(Calling)을 선포하라   135

전략 7 · 순결
: 가장 취약한 영역에서 성결함을 추구하라   151

전략 8 · 압박감
: 평안과 안식, 자족하는 마음을 선포하라   165

전략 9 · 상처
: 용서로 치유와 자유함을 누리라   185

전략 10 · 관계
: 하나 됨으로 화평을 누리라   205

에필로그

프롤로그

이것은 전쟁이다!

전쟁이라는 것을 안다면 말이다.

이 책을 읽고 마음에 되새기며 마지막 장을 덮을 즈음이면 겉표지가 너덜너덜해져 아귀가 맞지 않을 정도가 되어야 한다. 한눈에 보아도 책이 뒤틀려 보일 만큼 읽고 또 읽어야 한다. 자주 읽어서 손때가 묻은 책장들이 뻣뻣이 고개를 쳐든다. 두꺼운 구식 전화번호부로 눌러 보아도 틀이 뒤틀려 다시 깔끔하게 펴기가 여간 어려운 일이 아니다. 가슴 깊이 절절하게 보았던 책에는 그동안의 치열한 싸움의 흔적이 고스란히 남아 있다. 누군가에게 선물로 주기 민망할 정도다.

풀물이 들어 있다. 잉크 번짐. 책 모서리가 접힌 자국. 전쟁의 흔적이다. 눈물이 떨어졌는지, 커피 방울이 떨어졌는지 지면에는 작고 쭈글쭈글한 동그라미가 보인다. 문단의 서너 줄까지 그 흔적이 남아 있다. 책에 얼마나 몰입했는지 그 흔적들이 책 곳곳에 보인다.

나는 책장이 찢어져 있거나 글이 쓰여 있기를 바란다. 책 모서리는 누더기처럼 되어 말려 있다. 너덜너덜해진 책을 본 아이들이 만지는 것조차 싫어했으면 좋겠다. 샐러드 집게로 집어야 할 정도라면 더할 나위 없다.

이 책은 단순히 한 번 읽고 치워도 되는 책이 아니다. 커피 한 잔 하며 호기심에 펼치거나 장식용으로 꽂아 두라고 쓰지도 않았다. 이 책은 산업용 생존 장비에 가깝다. 강력 접착테이프와 초강력 접착제. 단단히 묶은 가죽끈. 구식 구두끈일 수도 있다. 두 겹의 매듭. 무언가를 고정하는 데 사용되는 모든 것이 이 책을 말해준다.

왜냐하면 이것은 전쟁이기 때문이다. 우리 인생을 건 전쟁이다. 실제로 존재하는 적이 우리를 무너뜨리려 계략을 꾸미고 음모를 꾸미며, 우리 감정과 생각, 우리 자녀, 가족과 미래를 집요하게 공격한다. 실제로 바로 이 순간에도 적은 이 일을 계속하고 있다. 우리가 앉아 있는 곳, 우리가 있는 바로 그곳에서 말이다.

그러나 그의 다스림은 여기까지다. 이제 끝이다. 적은 우리를 계속 공격할 수 있을지 몰라도 더 이상 승리할 수는 없다.

우리가 기도하기 시작할 때 적의 모든 공격과 시도는 흔들리기 시작한다.

만약 당신이 기도에 '관한' 책을 찾았다면 이 책은 적합하지 않다. 기도에 관해 훌륭한 학자들이 쓴 탁월한 책들을 찾을 수 있다. 읽는 데 시간을 들여도 전혀 아깝지 않은 책들이다. 그런 책을 읽기를 적극 권한다. 기도에 관해서는 아무리 배워도 모자람이 없지 않겠는가? 그러나 여기, 이 책에서는 기도에 관해 말하거나 기도에 관해 생각하지 않을 것이다.

그렇다.

준비하자.

기도할 것을.

기도하지 않으면 인생을 살아 내는 것은 불가능하다. 나든 당신이든 누구나 다 그렇다. 우리는 기도하는 데 폼이나 잡고 있을 만큼 한가한 처지가 아니다. 삶이 바뀌기를 원한다면, 진정 자유를 원한다면, 우리를 억압하고 무너뜨리는 모든 것에서 해방되기를 원한다면, 우리 마음이 온전하며 깊고 단단하게 뿌리 내려 든든히 서기를 원한다면, 그래서 변화되기를 원한다면 그렇게 해서는 안 된다. 부여받은 사명을 알고 하나님의 약속을 체험하기를 원한다면, 남편과 자녀들이 하나님의 부르심대로 살아가기를 원한다면, 우리를 두르는 하나님의 보호의 울타리를 원한다면, 확실한 은총의 표식을 지니기 원한다면, 사탄과 그의 계략이 그가 왔던 지옥으로 되돌아가기를 원한다면 그래서는 안 된다.

그러나 우리가 아무리 간절히 원한다 해도 형식적으로 기도하거나 생각날 때만 기도하는 한, 의무감이나 자기 최면용으로 무성의하게 기도하는 한 이런 일은 결코 일어나지 않는다. 응당 해야 하지만 꾸준하지 않고, 확실한 의미와 생생함, 분명한 확신을 가지고 기도하는 경우가 드물다면 이런 일은 일어나지 않는다. 그래서 엉뚱한 일에 매달리며 수많은 세월을 허비하게 된다. 비참하게 스스로를 소진하지만 아무 의미 없는 일에 매달리는 꼴이 된다. 결국 온갖 노력에도 우리는 핵심을 놓치고 하나님이 의도하신 일을 하지 못하며, 정말 중요한 본질을 간과하게 된다. 그렇기 때문에 이제 구체적이고 전략적으로 기도해야 한다.

기도의 핵심은 목표물을 정확히 가격하는 것이다. 적이 작전 중이라는 강한 의심이 드는 곳을 겨냥해 기도할 때 정밀한 기도를 드릴 수 있다. 그래야 특정 상황뿐 아니라 그 안에서 승리를 지속하는 데 기반이 될 성경 진리에 우리의 기도를 집중할 수 있다. 정밀하게 기도해야 실제로 생활하는 거실과는 무관한 영적인 복도에서 헛되이 방황하지 않고 현실과 접목된 기도를 지속할 수 있다. 그렇게 기도해야 하나님이 옳은 일을 행하실 것을 신뢰하고 확신할 수 있다. 그러면 가야 할 길에 대한 그분의 인도하심을 인식하며 실천할 수 있고, 우리의 온 자아가 예민하게 깨어 집중할 수 있다.

하지만 적이 우리를 노리는 구체적인 방식들과 우리에게 주신 하나님의 약속을 실제적으로 고민하기보다 말과 감정을 무분별하게 배설하는 데서 그친다면 기도는 아까운 시간만 낭비하는 셈이 될 것이다. 문제나 과정에 뚜렷한 변화 없이 오히려 혼란만 가중시키는 꼴이 될 것이다. 물에 빠져 익사하지 않도록 머리를 내밀려고 몸부림치지만, 많은 날 동안 지는 싸움을 하고 있다고 느낀다.

어떤 면에서 우리가 전쟁 중이라는 생각은 옳다. 이것은 태초로 거슬러 올라가는 긴 역사를 가진 싸움이다. 하지만 승자가 이미 판가름 난 싸움이다. 그런데 지는 싸움을 하다니!

절대 있을 수 없는 일이다.

그리고 기도를 비장의 무기라고 구태여 숨길 필요가 없다. 오히려 대놓고 우리의 가장 강력한 무기라고 말하는 게 맞다.

나는 도무지 알 수도 없고 부정할 수도 없는 불가해한 면이 기도에 존재한다는 사실을 기꺼이 인정한다. 기도라고 하면 사람들이 먼저 무시하고 폄하하고 그 중요성을 깎아내리는 식으로 반응하는 이유는 기도의 이런 측면 때문이다. 많은 이들이 기도는 실제로 눈에 보이는 변화가 일어나거나 응답될 때에만 유효하다고 생각한다. 그러나 생각해 보자. 기도를 이해하고 이해하지 못하고를 떠나, 하나님은 사람들의 삶에서 역사하시는 한 방편으로 이 특정한 도구를 의도적으로 선택하셨다. 하나님은 기도를 통해 우리가 당신과 협력하고 동역하도록 해서서 자신의 뜻을 이루신다. 밤이든 낮이든 당신과 개인적으로 교류하고 당신의 영원한 실재들과 교감하는 가장 중요한 방편으로 기도를 만드셨다.

그러므로 기도의 의미를 이해하고 하나님이 우리 손에 맡기신 이 놀랍고 강력한 도구의 사용법을 훈련하려는 지금, 하나님이 우리를, 우리처럼 보잘 것 없는 인생을 영원하신 당신의 위대한 계획 속에 두셨음을 기억해야 한다. 기도라는 결합조직을 통해, 하나님은 당신의 이 거대한 계획을 사람들의 인생에 이식하는 과정에 우리가 조금이나마 동참하도록 문을 열어 주신다.

당연히 우리 인생도 포함된다.

기도는 하늘의 능력을 지상으로 끌어오는 문이다. 적과, 우리에 대한 그의 모든 계략을 무력하게 하는 크립토나이트(영화 "슈퍼맨"에 나오는 가상의 화학 원소-편집자 주)다.

우리에게 이 책이 필요한 이유가 여기에 있다. 이 책에서 만나는 우리 인생 여정의 교차 지점이 이토록 중요한 이유도 여기에 있다. 내가 쓰는 글의 내용 때문이 아니라 우리가 함께 이룰 일과 그로 인해 하나님이 행하실 일 때문이다.

일단 우리가 조금이라도 서로를 더 알게 되면 적극적으로 승리를 위해 꼭 맞춰진 기도 전략을 짜는 작업이 시작될 것이다. 적이 가장 혈안이 되어 노리는 인생의 영역을 확인하는 것부터다. 우리가 좌절하고 염려하며, 패배감에 시달리고 분노하며, 조롱거리가 되고 낙심하며, 종종 자신에게 불가능한 요구를 하게 되는 부분을 건드려야 한다. 혹시 당장 본인과 상관없는 내용처럼 보이는 장을 읽는다 하더라도 무조건 읽어 두라. 조만간 무관한 내용이 아님을 알게 될 것이다. 다음으로 각 장 말미에서 특정 영역에 속한 각자의 상황을 확인하고 기도 전략을 작성하게 될 것이다. 그다음, 이 책에서 방금 전 읽었던 내용을 기반으로 각자에 맞는 기도 전략을 준비하며 쉽게 보고 읽을 수 있는 곳에 붙이고, 적이 잘 위장해서 숨긴 은닉처를 공격할 수 있도록 반복해서 학습해야 한다. 그래야 우리를 공격하는 적에 못지않게 강력하게 반격할 수 있다.

전략이라니? 그렇다. 간파했을지 모르지만 적이 우리를 상대로 벌이는 전쟁, 변함없이 거듭되는 격심한 전쟁이 있다. 그 전쟁은 우리의 인격과 성격을 치밀하게 파악하고 공격에 가장 취약한 압박 부위를 정확하게 노리는 식으로 일어난다. 우연히 일어나는 사고라고? 소 뒷발질하다 쥐 잡는 격이라고? 내 생각은 다르다. 우리가 삶에서 가장 두려워하고 불안하게 여기는 이런 부분들은 우리에 대한 중요한 영적인 정보를 파악하는 단서로 작용한다. 무엇보다 우리의 생명력을 파괴하고 우리에게 패배를 안기기 위해 맞춰진 전략이 비밀리에 준비되어 왔음을 암시한다. 우리가 어디에 살고 누구를 사랑하고 성향이 어떤지 아는 누군가가, 오랜 경험으로 이런 개별 분야들을 가장 효과적으로 공략할 수 있는 방법을 아는 누군가가 그 전략을 작성해 왔다. 그리고 그 전략은 어쩌면 지금까지 작동하고 있을 것이다.

하지만 지금 이 책을 읽고 있는 누군가는 적의 공격에 시달리다가 지겹고 진저리가 나 지쳐 있을지 모른다. 나는 확실히 이런 경우에 해당한다. 매일의 싸움에서 패배하는 내 처지가 너무나 지겹고 싫다. 사랑하는 이들뿐 아니라 내 주변의 상황이 악화되는 모습을 지켜보고만 있는 현실이 힘들다. 그러나 무작정 이런 싸움에 덤벼들어서는 안 된다는 사실도 깨닫고 있다. 무턱대고 벽을 향해 돌팔매질을 하고 벽에 충격이 가기를 바랄 수는 없다. 계획이 필요하다. 당신에게도 전쟁을 하기 위한 전략이 필요하다.

이 책에서 소개하는 경험들이나 우리 인생에서 하나님의 성령이 행하신 특정한 사역, 그리고 하나님의 말씀의 생생한 능력을 기초로 하여 수많은 개인 기도 전략을 계발할 수 있다. 이런 전략은 우리를 겨냥해 훈련된 모든 공격 시도에서 피하도록 도와준다. 이제 산발적으로 집요하게 진행되는 대립에 적극적으로 대응할 전투 전략을 가지고 행진할 수 있다. 이전에는 고압 전류가 흘러 탈환할 수 없었던 고지를, 가늠할 수조차 없었던 적의 진지를 이제 밟을 수 있다. 기도로 어디서 겨누는지 모르는 적의 저격에서 자신을 보호할 수 있고, 전능하신 하나님의 힘으로 적의 진지를 밀고 들어가 탈환할 수도 있다.

장담하건대 분명히 할 수 있다.

분명히 이런 일이 가능하다.

그러나 이런 일이 우연히 생기지는 않는다. 하나님은 우리를 진리로 무장하고 기도로 단련해서 영향력을 발휘하는 위치까지 끌어올릴 계획을 세우고 계신다. 이 일을 하는 데 천부적인 재능은 필요 없다. 굳이 전문 지식을 익히고 신학적으로 막힘없이 방어 논리를 구축할 필요도 없다. 그냥 정직하게 있는 그대로, 수없이 무너져도 오히려 독기 오른 채로 끈질기게 나아가 열정적으로 격렬하게 기도할 준비를 하면 된다. 주님의 이름으로!

하루를 마무리할 즈음 적(敵)은 당신을 도발한 것을 후회하게 될 것이다. 이제 당신은 그에게 악몽 같은 존재가 될 것이다. 그동안 그는 크게 애쓰지 않아도 당신이 금방 포기할 거라고 생각했다. 지쳐 나자빠지게 만들 수 있으리라 생각했다.

우리 안에서 역사하시는 하나님의 성령의 싸움이 시작될 때까지 기다리라.

왜냐하면….

이것은 전쟁이기 때문이다.

기도로 열기

이 사진은 당사자가 아니라면 별 다른 의미가 없는 사진이다. 그 누구도 이 사진을 소유하겠다고 거액을 지불하거나 큰 애착을 보이지 않을 것이다. 나 외에는 누구에게도 개인적으로 각별한 의미가 없을 것이다. 평범한 한 장의 사진에 불과하기 때문이다. 흔히 볼 수 있는 이미지다.

이 사진에는 두 손이 찍혀 있다.

보다시피 한 손은 쭈글쭈글 주름지고 거칠어서 누가 봐도 나이 든 사람의 손이다. 손톱 두 개는 약간 멍들고 갈라져 있다. 손가락을 빛내는 보석 반지도 없다. 손톱을 손질하거나 매니큐어를 바른 흔적도 보이지 않는다. 그냥 평범하고 단순하다. 단단하고 억세다. 하지만 품위와 겸손이 느껴지는 여성스러운 손이다.

위쪽에 포개져 있는 손은 훨씬 더 젊고 부드러워 보인다. 아래에 있는 손과 다름없이 갈색이지만 훨씬 더 부드럽고 차분한 피부결이 돋보인다. 손톱은 상당히 깔끔하게 정돈되어 있고 상대적으로 더 젊은 사람의 손이다. 네 번째 손가락에 반지가 보인다. 사진 속의 두 손은 나이 차를 한눈에 보여 준다.

그러나 내가 이 사진을 정말 아끼는 이유는 이 두 손 아래로 보이는 공책 때문이다. 평범하고 낡고 오래된 스프링 공책이다. 부가세를 포함해서 1달러 49센트짜리다. 비싼 가죽 제본을 한 것도 아니고 그럴듯한 디자인도 없으며, 고급 종이를 쓴 것도 아니다. 넓은 간격으로 줄이 그어져 있고 표지를 비닐로 코팅한 초등학교 작문용 공책이다.

그러나 너무 자주 사용해서 눌려진 바람에 약간 형체가 뒤틀린 이 공책에는 살아 있는 유산의 광대한 보고(寶庫)가 숨어 있다.

나이 든 손과 젊은 손은 각기 할머니와 손녀의 손이다. 그리고 이 공책은 할머니의 기도 제목을 담고 있다. 매일 예수님과 만남의 시간을 가지며 기도 제목을 적고 따로 복사해서 들고 다니며 기도하던 내용이 담겨 있다. 할머니는 아주 중요한 친구를 만나듯이 예수님과 만나셨다. 평생 시간을 정해서 정확히 그 시간에 성실하게 예수님과 개인적인 만남을 가지셨다. 주님과 만나기로 한 이른 아침, 이 기도 공책을 펼쳐 자신의 필요를 주님께 구하고 다른 사람들의 필요도 함께 구하셨다. 기도 제목은 하루 일과 중에 조용히 수집한 내용이 대부분이었다.

이 두 여성은 비록 인생 경험에서는 수십 년의 격차가 있지만 때로 함께 밖으로 나가 소소한 오후의 데이트를 즐긴다. 할머니는 아흔다섯 살의 고령이지만 맥도날드의 프렌치 프라이와 바닐라 밀크셰이크를 즐길 정도로 건강해서 보통 이런 외출을 나간다. 두 사람은 달콤짭짤하거나 뜨겁고 차가운 여러 음식을 산 다음, 차에 타서 창문을 내린 채 거리를 구경한다. 때론 거리를 돌아다니며 맛있는 음식을 먹고 기분 좋은 포만감을 느낀다. 그런데 성인이 된 손녀가, 거의 백 년 동안 성결한 생활로 축적된 소중한 지혜를 거리낌없이 받아들이는 것도 바로 이 순간, 할머니가 음식을 삼키는 사이사이다.

이렇게 패스트푸드를 즐기던 최근 어느 날, 두 사람은 기도를 주제로 대화를 나눴다. 손녀는 할머니에게 왜 그런 공책에 기도 제목을 쓰셨는지 물어보았다. 그리고 할머니의 대답을 기다렸다. 할머니가 길고 영적인 심오함이 담긴 답변을 해 주리라 고대하며 한 마디라도 놓칠세라 아이폰 녹음 버튼을 누른 채 할머니를 바라보았다. 앞으로 몇 세대가 흘러도 결코 잊지 못할 답변을 할머니의 육성으로 전할 수 있으리라 생각했다.

두 사람은 서로를 바라보았다. 잠시 두 사람 사이에 정적이 흘렀다. 그리고 프렌치 프라이를 먹는 소리, 밀크셰이크를 길게 들이마시는 소리가 들렸다. 그런 다음 짤막한 한 마디가 할머니의 입에서 흘러나왔다.

"그래야 까먹지 않으니까."

그래. 그게 정답이다. 이 책이 전하고자 하는 메시지는 간단히 한 문장으로 요약된다. 신앙심 깊은 할머니의 부드러운 입술에서 직접 흘러나온 한 마디. 우리가 기도를 적는 이유는 '잊지 않기 위해서다.'

- 진짜 적이 누구인지 잊지 않기 위해
- 우리가 소망하고 바라봐야 하는 분을 잊지 않기 위해
- 진정한 필요와 의지할 것이 무엇인지 잊지 않기 위해
- 나중에 하나님이 어떻게 응답하셨는지 잊지 않기 위해

의도적이고 전략적인 기도를 통해 우리는 예수님과 그분이 우리를 위해 이미 성취하신 모든 것을 붙들 수 있다. 그렇게 해야 하늘의 능력과 연결되고 그 능력이 일상생활에 녹아들어 생

생히 역사하는 것을 볼 수 있다. 기도는 호시탐탐 우리 약점을 노리며 주변을 서성거리고 우리의 약한 부분과 우리를 파멸시킬 기회를 찾아 눈을 번뜩이는 교활한 적에 맞설 핵심적인 공격 무기에 속한다. 기도로 우리는 힘을 얻는다. 기도할 때 우리 원수가 휘두르는 모든 무기를 소멸하는 갑옷으로 무장할 힘이 생긴다.

사도 바울이 남긴 유명한 말씀이 있다.

> "마귀의 간계(사탄의 모든 전략, NLT)를 능히 대적하기 위하여 하나님의 전신 갑주를 입으라"(엡 6:11).

여기에도 그 단어가 등장한다. 바로 '전략'이라는 단어다. 여기서 전략은 언제나 다음 반격을 가할 준비가 되어 있는 적이 우리를 죽이려 꾀하며 동원하는 책략과 교묘한 음모를 말한다. 그는 우리가 보호하려는 관계와 환경을 파괴하려고 과할 정도로 열심히 일한다. 우리가 그럴 듯한 말과 노력으로 문제를 해결하려고 시도할 때 그는 비웃는다. 이런 방식은 잠깐의 효과만 있을 뿐 근본 문제는 그대로 있기에 은밀하고 교활하게 움직이는 적의 공격을 저지할 수 없다. 영적인 '하늘의 영역'에서 그런 육신의 무기는 무용지물이다. "우리의 씨름은 혈과 육을 상대

하는 것이" 아니다. 우리는

- 통치자들과 권세들
- 이 어둠의 세상 주관자들
- 하늘에 있는 악의 영들을 상대한다(12절).

그러므로 우리는 효과가 검증된 확실한 무기로 무장해야 한다. 영적 전쟁에서 승리할 수 있다고 하나님이 직접 보장해 주신 진리의 허리띠, 의의 호심경, 평안의 신발이 그 무기다. 그런 다음 우리는 믿음의 방패, 구원의 투구, 마지막으로 하나님의 말씀인 검으로 무장해야 한다. 하지만 이것이 끝이 아니다. 에베소서 6장에서 영적인 무기를 묘사한 사도 바울 역시 이것이 전부라고 하지 않았다.

> "모든 기도와 간구를 하되 항상 성령 안에서 기도하고 이를 위하여 깨어 구하기를 항상 힘쓰며 여러 성도를 위하여 구하라 또 나를 위하여 구할 것은 … "(18-19절).

그렇다. 모든 것을 움직이게 해 줄 연료, 기도가 있어야 한다. 우리는 늙어 손이 쭈글쭈글해질 때까지 기도해야 한다. 손자들과 손녀들이 우리를 이해하고 배우며 우리의 본을 따를 날이 올 때까지 기도해야 한다. 언젠가 그들이 우리 손등에 살포시 손을 얹으며 주름진 피부를 부드럽게 어루만져 줄 시간이 올 때까지 기도해야 한다. 그러면 그들의 세대를 위해 기꺼이 기록했던 내용을 그들이 절대 잊지 않을 것이기에 미소 지을 수 있다. 그들은 우리 유산을 뒤돌아보고 우리가 흔들림 없이 견고히 서서 선한 싸움을 싸워 왔음을 알게 될 것이다. 적이 우리나 우리가 사랑하는 이들의 삶을 좌우하도록 절대 방치하지 않고 경주를 온전히 마무리했음을 알게 될 것이다.

우리가 기도하는 이유는 우리 해결책으로는 효과가 없기 때문이다. 기도는 적의 공격에 맞서 전투 태세를 갖추고 용기를 얻도록 해 준다. 우리는 적이 빼앗으려 노렸던 진지를 수복해야 하기 때문에 기도한다.

이런 기도가 바로 우리가 하는 일이다. 당신도 이 일에 함께하기를 바란다. 혹은 다시 힘을 내어 이 일에 함께하러 왔기를 바란다. 그러나 단언컨대 적은 우리가 이 일을 하지 못하도록 방해할 것이다. 우리를 설득하고, 기도에 대한 부정적인 인식을 심어 무장해제를 시도할 것이다. 그는 우리가 아무 열정도 능력도 기도도 없이 살아가기를 원한다. 침묵하기를 원한다. 기도는 그리스도의 심장과 권능과 승리로 이끌어 주는, 하나님이 정하신 도구다. 그러므로 기도하지 않으면 우리가 무력한 패배자 신세에서 벗어날 수 없음을 그는 안다. 지치고 부담감에 짓눌려 있다. 기를 쓰고 앞으로 나가 보지만 뒤로 밀려 후퇴할 때가 태반이다. 교회에서 느낀 희망과 열정이 직접 몸으로 부대끼는 현실까지 이어지지 않는 이유가 무엇인지 이해하려 해도 잘 되지 않는다.

내가 적이라면 정확히 이런 모습을 원할 것이다. 무기고에서 가장 강력한 무기의 가치를 폄하시키고 싶을 것이다. 치밀하게 계산된 방법을 동원해 당신이 방향감을 상실하고 흔들리며 패배하도록 애쓸 것이다.

실제로 이것은 소름끼칠 정도로 효과가 있어서 사탄은 정확히 이런 방법으로 우리를 공격한다. 물론 실제 생활에서는 우리가 의식할 수 없도록 철저히 기만적인 방식을 동원할 것이다. 사탄이 어떻게 덤벼드는지는, 여러 사람을 상대로 적의 주요한 공격 방식을 말해 달라고 했을 때 설문에 응한 이들의 목소리로 확인해 보자. 그들의 대답을 가장 공통된 범주로 나누어 요약 정리해 보니 사탄이 가장 즐겨 사용하는 상위 열 가지 전략이 드러났다. 그가 가장 고강도로 구사하는 것으로 보이는 부분은 아래와 같다.

전략 1 : 우리의 열정에 대한 공격

사탄은 우리가 기도에 열정을 내지 않고 영적인 일에 대한 관심이 둔해지며 가장 전략적인 무기의 위력을 무시하도록 꾀한다(엡 6:10-20).

전략 2 : 초점에 대한 공격

사탄은 스스로를 위장하고 우리 생각을 조종하여 결국 엉뚱한 대상을 범인으로 착각하게 만들고 엉뚱한 적에게 무기를 겨누도록 한다(고후 11:14).

전략 3 : 정체성에 대한 공격

사탄은 우리의 불안정한 부분을 과장하여 우리가 우리에 대한 하나님의 약속을 의심하고 하나님이 우리에게 베푸신 일을 무시하도록 유도한다(엡 1:17-19).

전략 4 : 가족에 대한 공격

사탄은 우리 가정을 무너뜨리고 가족 간의 불화를 유도해서 혼란스럽고 불안하고 결실하지 못하는 가정이 되길 원한다(창 3:1-7).

전략 5 : 확신에 대한 공격

사탄은 과거의 실수와 잘못된 선택을 끊임없이 상기시켜 우리가 그리스도의 보혈이 아닌 하나님의 심판 아래 있다고 믿도록 만든다(계 12:10).

전략 6 : 부르심에 대한 공격

사탄은 공포심, 염려, 불안을 증폭시켜 우리 생각을 장악하고, 하나님을 따르는 모험의 위험성을 부각해 그 모험 앞에서 주저하도록 한다(수 14:8).

전략 7 : 순결에 대한 공격

사탄은 특정한 죄악에 끌리도록 유혹하며 그 죄악을 용인해도 대가를 치를 일이 없다는 착각에 빠지게 만든다. 하지만 그는 그 죄악이 하나님과 우리 사이를 멀어지게 하는 걸림돌이라는 사실을 누구보다 잘 안다(사 59:1-2).

전략 8 : 평온하고 자족함에 대한 공격

사탄은 일상과 일정에 과부하를 걸어 끊임없이 한계를 넘어서도록 몰아가는 동시에 거절하면 안 된다는 압박감에 시달리게 만든다(신 5:15).

전략 9 : 마음에 대한 공격

기회가 생길 때마다 묵은 상처를 끊임없이 되살린다. 분노와 상처와 원한과 용서하지 않는 마음이 상처를 더욱 악화시키리라는 것을 사탄은 안다(히 12:15).

전략 10 : 관계에 대한 공격

사탄은 친구들과 또는 그리스도의 몸에 속한 공동체에 불화와 분열을 일으킨다(딤전 2:8).

수많은 전략 중에 불과 열 가지만 소개했다. 하나님의 사람들에 맞서 사탄이 구사하는 가장 일반적인 전략 중 대표적인 열 가지 전략이다.

이 싸움에는 양자가 참여할 수 있다. 하나님이 우리 편에 서서 주도적으로 전략을 이끄시므로 우리는 이미 거대한 다수에 속한다. 그러나 우리는 여전히 부지런하고 적극적이어야 한다. 우리를 향하여 고도로 개개인에 맞춰진 공격을 인지하고 맞서 외쳐야 한다. 물론 공포심을 느낄 필요는 없다. 하지만 방심하지 말고 경계 태세를 유지해야 한다. 사진 속의 할머니가 말씀하신 것처럼 정확성과 목적성을 유지한 채 쉼 없이 기도하는 일을 잊어서는 안 된다. 할머니가 손녀를 위해 기도하는 것처럼 그렇게 기도해야 한다.

그리고 이제 고백하자면 그 손녀는 바로 ….

나다.

할머니의 공책에 내 이름이 쓰여 있다. 그 공책에는 수십 년 동안 내 이름이 적혀 있었다. 할머니는 내가 태어나기 전부터 나를 위해 기도하시며, 나를 강건하게 하시고 보호하고 인도하시며 붙들어 주시도록 주님께 부탁하셨다고 한다.

할머니가 나를 위해 기도를 시작하신 것은 나처럼 결혼반지를 끼고 계셨을 때였다. 할아버지가 할머니와 40여 년을 해로하시고 먼저 천국으로 가시기 전부터 손녀를 위해 기도하셨다. 그러나 이 사진을 다시 들여다보면 내 손의 결혼반지, 그리고 이 반지가 상징하는 건강하고 행복하며 시련에 굴하지 않은 결혼생활은 나 자신의 능력과 훌륭한 처신 때문이 아니라는 사실을 새삼 떠올리게 된다. 이 모든 것은 할머니가 내 이름을 공책에 적어 두고 나를 위해 '기도의 싸움'을 하기로 단호하게 결정하신 덕분이다. 내 남편과 우리 가정도 할머니의 단골 기도 제목에 올랐음은 물론이다.

이 책의 헌정 대상이자 나의 할머니인 애니 엘린 캐닝스 여사는 나를 위한 싸움을 해 오셨다. 그 싸움은 무릎으로, 기도로 하는 싸움이다.

불붙는 듯 간절한 기도로 하는 싸움이다.

그리고 나는 할머니의 뒤를 따르기로 결심했다.

할머니의 지혜로운 조언을 가슴에 품고 궁극적인 실재와 진리를 붙들고자 하나님의 말씀에 의지하며 기도를 적는 훈련을 시작했다. 먼저 나를 가장 압박하는 딜레마들, 가령 마음속에 떠나지 않는 문제들, 가족, 재정 문제, 건강과 사역의 문제들을 확인한 다음 성경 진리에 기초해 그것들을 다룰 전투 계획을 적었다. 일체의 물리적인 수단을 배제하고, 원래부터 그렇게 하기로 계획된 것처럼 기도의 능력을 사용해 영적인 해결책이 필요한 싸움을 하기로 결심했다.

물론 지금 이 싸움을 완벽하게 해내고 있지는 않다. 하지만 점점 나아지는 방향으로 노력 중이다.

지금 그것들은 벽장 안에 붙어 있다. 내 기도 제목 말이다. 정말이다. 어떤 기도 제목들은 괘선지에 써서 붙여 놓았고 어떤 기도 제목들은 A4용지에 한두 문장을 쓴 뒤 찢어서 붙여 놓았다. 단어만 달랑 하나 써넣기도 하고 단어 두 개를 적어 놓은 것도 있다. 하지만 크든 작든, 일일이 날짜를 매겨 모두 붙여 두었다. 벽장을 열면 옷걸이 바로 위에 테이프로 붙인 기도 제목들이 나란히 모여 있어서 옷을 갈아입을 때마다 그것들을 볼 수 있다.

이렇게 하면 절대 잊을 일이 없다.

이런 방법으로 나는 기도해야 한다는 사실을 끊임없이 나 자신에게 상기시킨다. 그렇게 해서 무엇을 위해 기도해야 할지 기억하는 데 도움을 받는다. 이렇게 하면 매일 옷을 갈아입으면서 영적인 갑옷으로도 무장할 수 있다.

이 책에서 하고 싶은 이야기가 바로 이런 내용이다. 할머니의 마음에서 여러분의 마음으로 전달하고 싶은 이야기다. 고민하고 깊이 생각한 후에 기도 전략을 적어서 꾸준하고 일관되게 기도할 수 있는 전략적인 곳에 붙여 두라는 것이다.

기도 속으로

그러나 우리에 대한 사탄의 구체적인 전략에 대응하는 차원에서 사탄을 무너뜨릴 적극적인 기도 전략을 짜기 전에, 몇 가지 짚고 넘어갈 일이 있다. 이런 류의 책에서 사탄의 활동에 대한 대화가 거론될 때마다 대부분의 반응은 양극단으로 갈린다. 한편에는 사탄의 능력과 영향력을 과대평가하는, 잘못된 시각을 가진 사람들이 있다. 반대로 사탄을 과소평가하는 사람들도 있다. 이들은 자신들의 인생의 보이지 않는 곳에서 어려움을 부채질하는 존재가 사탄이라고 생각하지 않는다. 사탄을 과대평가하는 것은 부적절한 두려움과 불안을 떠안게 하고, 사탄을 과소평가하는 것은 사람을 어리석게 만든다. 그들은 자신도 모르게 모든 공격에 완전히 무방비 상태로 노출되어 있다.

당신은 이 양극단 중 어디에 속하는가? 모두 다인가?

어디에 속하든 한 가지는 분명히 해야 한다. 사탄이 하나님은 아니라는 점이다. 하나님과 대등한 적수이거나 동등한 존재도 아니다. 심지어 그는 하나님과 함께 겨룰 수 있는 처지도 아니다. 그의 영향력과 권세와 힘으로는 우리 주님이 하실 일의 털끝 하나도 건드릴 수 없다. 시간을 내어 요한계시록 19장과 20장을 읽어 보라. 흔히 아마겟돈 전쟁으로 알려진 싸움에서 말세의 원수들끼리 거대한 충돌이 일어나는 장면이 등장한다. 하지만 그 실체가 무엇인지 아는가? 사탄과 그의 부하들은 완전 무장 상태로 전투에 나서지만 누구를 공격할지 감도 잡지 못하고 우왕좌왕한다. 전쟁은 시작하기도 전에 끝나 버린다. 전쟁임을 알 수 있는 유일한 내용은 그가 포로 신세가 된다는 것뿐이다. 사탄은 실제보다 더 강력한 존재로 보이도록 안간힘을 쓰는 모방꾼에 불과하다. 그는 분명한 한계를 지닌 존재다. 우리는 이 사실을 잊지 말아야 한다. 그가 몸부림치며 아무리 원하고 애를 쓴다 해도 절대 뛰어넘을 수 없는 한계가 있다. 이를테면 이런 것들이다.

- 한 번에 모든 곳에 있을 수 없다(오직 하나님만이 무소부재하시다).
- 우리 마음을 읽을 수 없다(오직 하나님만이 전지하시다).
- 사탄은 교묘한 속임수를 사용해 우리를 기만하고 미혹하는 마술사에 불과하다(오직 하나님만이 순수한 의미의 명확한 기적을 일으키신다).

마지막으로, 못지않게 중요한 내용이 있다.

- 사탄의 시간은 한계가 있다(우리 하나님은 영원하시다).

따라서 사탄이 일시적이나마 전략적으로 우리를 칠 기회를 얻을 수 있다 하더라도 그에 맞서기를 두려워하거나 지레 겁을 집어먹을 필요는 없다. 실제로는 정반대다. 예수님의 전능하신 이름으로 아버지 앞에 나아가는 우리는 승리한 하나님의 성도로서 기도할 수 있다. 그리고 승리를 기다릴 수 있다. 그러나 기도로 이 전쟁에 진지하게 참여하지 않으면 이 능력을 체험할 수 없다.

그렇다면 본격적으로 이 문제를 다루기에 앞서 전략적인 기도 생활을 하는 데 도움이 될 틀을 소개하고자 한다. '기도 적기'가 하나님의 말씀에 근거하며 그 힘을 잃지 않도록 하기 위해 이 책은 계속 이 틀을 활용할 것이다.

- 찬양(P-Praise) : 찬양, 즉 감사는 기도의 가장 중요한 측면 중 하나다. 단순히 기도의 분위기를 돋우기 위한 수단도, 정말 말하고 싶은 본론을 꺼내기 위한 서론도 아니다. 하나님의 성품과 그분이 이미 이루신 일에 대한 감사는 씨줄과 날줄처럼 모든 기도를 하나로 연결한다. 궁극적으로 그분의 이름과 영예로움만이 이 기도들의 유일한 이유이기 때문이다.
- 회개(R-Repentance) : 영광을 받으시는 것 외에 하나님이 진정 갈망하시는 것은 우리 마음과 우리가 사랑하는 이들의 마음을 다스리시는 것이다. 그러므로 기도는 우리 삶에 세운 목표들이 이루어지기를 바라며 간구하는 시간이기도 하지만 내면, 다시 말하면 진정한 변화가 일어나는 내면의 상황과 연관이 있다. 기도하면 우리가 여전히 그분을 거부하는 부분이 어디인지 확인할 수 있다. 그분을 거부한다는 것은 그분의 명령뿐 아니라 그분을 따르는 자들에게 주시는 수많은 축복과 유익을 거부하는 일임을 기억하라. 회개로 전략을 가다듬고 믿음의 용기를 갖고 돌이켜 그분의 길을 가라.
- 요청(A-Asking) : 요청하는 바를 아뢰라. 명확하게 개인적으로 요청하라. 개인적인 문제를 세세하게 적고 이 장에서 논의한 더 큰 주제와 연관이 있는 어려움들을 적어 보라. 이

런 문제들과 어려움을 이용해 사탄이 어떤 식으로 방해할지 혹은 그가 다음으로 겨냥하리라 짐작되는 문제는 무엇인지도 적어 보라. 우리는 구걸을 하는 것이 아니다. 주님이 먼저 구하고 찾고 두드리라고 초청하셨다. 하나님은 우리를 기다리고 계신다. 우리가 구하기를 기대하고 계신다. 우리가 바라보고 의지할 최고의 대상은 그분이다.

• 약속의 확인(Y-Yes) : 성경은 "하나님의 약속은 얼마든지 그리스도 안에서 예가 되니"(고후 1:20)라고 말한다. 지금 겪고 있는 모든 일이 다 이해되지 않을 수도 있다. 하지만 하나님의 선하심에 대한 믿음과 확신으로 깨달은 진리보다 더 확실한 설명은 없다. 그러므로 성경에 기록된 그분의 말씀과 우리 필요를 채워 주시리라는 약속을 하나님께 올려 드리라(각 장에서 근거로 활용할 여러 성경 구절들을 소개할 것이다). 하나님의 말씀으로 기도하는 것보다 강력한 것은 없다.

이렇게 기도하면 하나님은 당신의 주권적이며 영원하신 뜻과 우리를 향한 끝없는 사랑에 부합하는 방향으로 분명히 응답해주실 것이다. 나보다 더 현명한 누군가의 표현을 빌리자면, 기도로 하나님의 영원한 모든 자원을 끌어올 수 있다. 이렇게 말이다.

Prayer(기도로)
Releases(끌어올 수 있는)
All(모든)
Your(하나님의)
Eternal(영원한)
Resources(자원)

기도의 핵심이 이 표현에 다 담겨 있다.

그래도 여전히 마음이 내키지 않고 이해가 되지 않는다 하더라도 걱정하지 말라. 다음 페이지를 넘기면 기도 전략 지대로 들어서게 될 것이다. 장담하는데, 하나님의 성령이 정확히 어떻게 기도를 시작해야 하는지 보여 주실 것이다.

시작이라는 말이 나왔으니 말인데, 무작정 기도를 시작해 보면 어떨까?

기도할 마음이 있다면 시작해 보자.

마음이 가는 대로 해보자.

기도하자.

전략 1

열정

—

사라진 열정을 회복하라

—

내가 당신의 적이라면 영적인 일에 대한 열정이 식어 버리도록, 관심이 시들해지도록 만드는 데 주력할 것이다. 또한 하나님의 능력과 당신에 대한 그분의 개인적인 관심을 불신하도록 만들 것이다. 잃어버린 희망은 다시 되돌릴 방법이 없다고, 다시 시작한다는 것은 거짓말이라고 믿게 만들 것이다.

간절한 기도에는 열정이라는 동력원이 필요하다.

믿음이, 불같은 열정이 동력원이다.

잠자리에 들고 하루를 마감하기까지 온갖 잡다한 일들로 생각이 꼬리를 물 때, 정신없이 바쁜 날 서둘러 처리해야 할 일들로 마음이 나뉠 때 바닥에 무릎을 꿇도록 하는 것은 열정이다. 이런 상황에서 열정이 없다면 절박한 마음으로 기도에 집중할 수 없다. 열정을 통해 우리는 끝까지 기도하고 포기하지 않는 힘과 활력을 얻는다.

열정이 있어야 육상 선수는 포기하지 않고 한 구간을 더 달릴 수 있고, 이를 악물고 한 세트 더 훈련할 수 있다. 열정이 있어야 넓적다리 근육과 배 근육이 비명을 지르며 큰 소리로 투덜거린다 해도 그 소리를 무시하고 주인의 요구에 순순히 따라오게 할 수 있다. 열정은 노력을 알아주는 이가 주변에 아무도 없고 격려하며 등을 두들겨 주는 이가 없더라도 피아니스트가 의자에 꼼짝없이 앉아 연습에 매진하도록 한다. 젊은 직원이 주변 사람들처럼 월급날만 기다리며 퇴근 시간에 지체없이 자리를 뜨지 않고 기대 이상으로 성실하게 일하게 하는 것도 열정이다. 열정은 위험에 처한 자식을 본 부모가 단숨에 몸을 날리게 한다. 열정은 이글거리며 뜨겁게 타오르며 포기하지 않고 달리게 한다. 장애물이 커질수록 덩달아 더 커지는 것이 열정이다.

열정은 삶의 목적이라는 엔진의 연료다. 더 몰입하도록 만드는 에너지다. 세상의 일들로 지치고 어려운 상황에 포기하고 싶을 때에도 중단하지 않고 전진할 수 있는 것도 열정 덕분이다. 열정은 최선의 의도가 중간에 이탈하지 않고 원하는 방향대로 계속 갈 수 있는 힘을 제공한다.

내가 누군가의 적이라면 그 사람에게서 열정을 훔치는 일을 가장 중요한 과제 중 하나로 삼는 것도 이 때문이다. 열정이 식으면 유혹과 낙심에 대한 저항력이 심각하게 떨어진다. 영적인 다리가 힘을 잃고 절룩거리게 되고 상처에서 회복되는 기간이 자꾸 길어진다. 열정과 희망, 하나님과 그분의 능력을 신뢰하는 마음을 야금야금 잠식할 수 있다면 믿음도 조금씩 무너뜨릴 수 있다. 포기하도록 내버려 두라. 그리고 두 번 다시 시도하지 마라. 손을 귀에 대고 들어 보니 의례적인 기도 말고는 당신의 입에서 어떤 소리도 나오지 않는다. 그때 나는 작전이 성공했음을 확인하고 회심의 미소를 지을 것이다. '열정 제거 작전'에 또 다른 성공 사례를 추가하고 그 위에 당신의 이름을 적을 것이다.

내가 당신의 적이라면 이런 작전을 펼 것이다. 당신의 열정을, 힘을 약화시킬 것이다. 열정이 약화되면 곧 무기력하고 나약한 기도를 드리게 되기 때문이다.

그러므로 충분히 시간을 갖고 자신을 찬찬히 들여다본 후 이 질문에 대답해 보라. 마음의 열정이 사라져 버리지는 않았는가? 자발성과 적극성을 상실하지는 않았는가?

어쩌면 오랫동안 한 문제를 두고 수없이 기도했을지 모른다. 하나님의 뜻을 너무나 간절히 바랐고 너무나 오랫동안 인생에 변화가 생기기를 갈망해 왔을지 모른다. 이제는 완전히 낙심하고 실망해서, 같은 일이 해결되지 않고 계속 반복될 때마다 여전히 놀라는 스스로가 오히려 이상하게 보일지 모른다. 아니면 시간이 흐르면서, 오래된 더 고귀한 우선순위들이 차지하던 자리에 이제 다른 요구들과 관심사가 들어섰을지 모른다. 나는 이런 경험들을 한 적이 있다. 이런 고통스러운 감정에 시달린 적이 꽤나 많다.

그러나 우리는 이렇게 된 것이 모두 하나님 탓이라거나 자신 혹은 누군가의 탓이라고 생각한다. 절대 적의 탓이라고 생각하지 못한다. 대체 그 이유가 무엇일까? 그가 간교하게 공작을 벌이며 뻔한 수작을 부려도 스스로나 하나님을 탓하는 만큼 그렇게 빨리 그의 의도를 간파하지 못하는 이유는 무엇인가?

영적인 자극에 이전처럼 낙관적인 태도와 순종으로 반응할 수 없는 듯 보일 때 왜 그 이유를 오직 자신의 나쁜 성격 탓으로만 돌리는가? 호르몬 수치 저하, 노화와 계속된 불운으로 인한 정상적인 반응이라고만 생각하는 이유는 대체 무엇인가?

쉽게 드러나지 않는 또 다른 이유는 아마도 당신이 사탄의 교묘한 방해에 속아 넘어갔기 때문일 것이다. 그것은 일종의 전략이다. 당신을 겨냥한 그의 의도적인 전략이다. 목표물을 정확히 겨누고 세운 계획과 세부 작전 아래 시작된 공격이다.

잘 생각해 보라. 당신에게 맞춰진 공격이 아니었는가?

사탄은 참소를 일삼는 존재다. 그가 "밤낮으로" 이 일에 매달린다고 성경은 말한다(계 12:10). 하나님의 성령이 하시는 것처럼 회복을 위해 죄를 깨닫게 하기보다 굴욕을 주고 무너뜨릴 목적으로 우리를 끊임없이 정죄한다.

한편으로 이런 방식은 적의 영향력을 가늠할 수 있는 고전적인 증거다. 잘 살펴보라. 그리고 그가 남긴 지문들을 확인해 보라. 정죄는 언제나 죄책감을 수반한 낙심으로 이어진다. 반면에 책망은 우리 잘못을 지적하기에 비록 종종 고통스럽지만, 여전히 우리를 격려하고 일으켜 세워 다시 시작할 수 있다는 희망을 준다. 정죄는 우리 자신에게 초점을 맞추도록 하지만, 책망은 우리를 살리시는 그리스도의 은혜와 자비를 바라보도록 만든다. 사탄의 말에 귀를 기울이면 우리의 이런 약점들은 비참한 절망의 원인으로만 작용하지만, 하나님은 동일한 약점들이 가장 순수한 예배와 감사의 이유가 된다고 말씀하신다. 하나님의 은혜가 필요한 상태는 원래 우리 열정을 강화하는 이유가 되어야 한다. 하지만 우리 대적이 정죄하는 내용을 믿기 시작하는 순간 정반대의 일이 벌어진다. 하나님이 우리 기도를 들으시거나 반응하지 않는다고 생각하는 것이다. 왜? 바로 나 때문에.

너무나 뻔한 수작이다. 사탄은 고소자지만 또한 거짓말쟁이가 틀림없다. 악질이다. "거짓의 아비"다(요 8:44). 모든 비진리의 조상이다. 기만이 우산처럼 그의 모든 계획과 프로그램을 뒤덮고 있다.

그는 현실에서 일어나는 사건들에 대한 우리 시각을 왜곡해서 현실이 실제보다 훨씬 더 절망적이고 최악으로 보이도록 만든다. 당신이 처한 상황이 힘들지 않다고 말하는 것이 아니다. 아마 말할 수 없을 정도로 고통스러운 경우도 있을 것이다. 하지만 사실을 왜곡하는 그의 시선으로 보면 끝까지 견디고자 하는 열정은 어리석고 무모한 시간 낭비처럼 보인다. 그러나 그는 거짓말을 하는 이가 하나님이며, 기도에 대한 하나님의 분명한 응답이 지체되는 것은 실제로 그분이 말씀하신 것과 달리 우리의 기도를 듣지 않으신다는 명백한 증거라고 교묘히 속일 정도로 뻔뻔하다. 혹은 응답해주신다 해도 하나님은 당신이 그분의 때를 기다리는 동안 불안감으로 위축되는 것을 보시고도 전혀 개의치 않는 분이라고 우길 정도로 사탄은 사악하기도 하다.

사탄은 우리와 하나님을 통렬하게 비난한다.

또한 지독한 거짓말로 현실을 왜곡한다.

이런 거짓말은 그가 우리 열정을 갉아먹는 수많은 방법 중 일부에 불과하다. 누구나 알아차릴 정도로 대놓고 이런 작업을 하지 않는다. 참으로 교묘하고 정교한 방식으로 접근한다. 교활하게 아주 천천히, 조금씩 강도를 높여가며 시간을 투자하되 결코 서두르지 않는다.

때로 그의 작전은 보기 좋게 성공한다. 처음에 우리는 배후에서 움직이는 자가 사탄이라는 사실을 알아차리지 못한다. 기도를 그만둔 이유가 '그냥 더 이상 마음이 내키지 않아서'라고 생각한다. 그리고 분명히 실제로 그럴 가능성도 있다. 그러나 사실상 기도하고 싶지 않은 감정은 적의 전략이 효과를 보기 시작한 것일 가능성이 높다. 그는 맞서 싸울 의지, 포기하지 않고 믿고 기도할 의지가 완전히 사그라들 때까지 계속 우리가 약해지도록 작업을 벌인다.

그렇게 기도했지만 부부 관계는 희망 없이 긴장 상태고 단절되어 있다.

그렇게 기도했지만 아이들은 여전히 어처구니 없을 정도로 심각하게 반항한다.

그렇게 기도했지만 여전히 경제적인 상황이 여의치 않다.

그렇게 기도했지만 여전히 건강이 좋지 않다.

그렇게 기도했지만 여전히 중독에서 헤어 나오지 못해 좌절감을 느낀다.

마음에 영적인 불씨마저 꺼져 버리고 더 이상 하나님께 이런 문제들을 들고 가서 아뢰지 않게 된다. 심지어 바로 지금 이 순간, 뜨거운 믿음의 기도를 회복하도록 초청하는 책을 읽고 있는 이 시간에도 솔직히 기도해야 할 이유가 보이지 않는다.

그래서 당신에게 할 말이 바로 이것이다. 여기서 출발하자. 이 문제를 위해 기도하자. 열정을 회복하고 지켜 나가게 해 달라고, 의욕을 다시 찾고 유지하게 해 달라고 기도하자.

이렇게 기도하도록, 바로 이런 순간을 위해 하나님이 성경에 포함시키신 실제 삶의 이야기(왕하 6:1-7)로 당신을 데려가려 한다. 그런 다음 이 본문과 이것이 가르치는 원리를 이용해 마음을 격려하고 열정을 회복하기 위한 전략을 구상하도록 도우려 한다. 아직 열정이 고갈되지 않았다면 언젠가 그런 경험을 할 때가 올 수 있다. 그때 이 이야기를 필독 목록에 넣고 읽어 보라.

공교롭게도 엘리사 선지자는 한 제자 근처에 있었다. 그 제자는 공동 처소를 더 크게 지을 요량으로 필요한 목재를 찾아 요단강변에서 나무를 베고 있었다. 그러나 나무를 찍어 내던 중 도끼가 헐거워졌고 도끼가 강으로 떨어져 사라지고 말았다.

손잡이에서 빠져 사라져 버린 도끼날처럼 그 제자도 일할 의욕을 잃어버렸다. 젊은 제자는 얼굴이 창백해졌다. 손에 든 연장, 소기의 목적을 이루는 데 가장 중요한 연장을 잃었고, 사실 그가 사용하던 도끼는 친구에게 빌려 온 것이었다. 무거운 도끼날이 물속으로 빠지면서 낸 소리에 낙담과 허탈감이 이중으로 밀려왔다. 더 큰 처소를 짓고자 하는 그의 목표는 더 이상 진행이 불가능했고, 이제 도끼를 빌려준 친구에게 찾아가서 사정을 이야기해야 했다. 도끼를 잃어버려 돌려줄 수 없게 되었다고 양해를 구해야 했다.

그러나 이 이야기에는 낙심할 필요가 없음을 암시하는 내용들이 있다.

첫째, 도끼를 잃어버렸음에도 여전히 하나님의 임재가 함께하고 있었다. 고대 이스라엘에서 선지자들은 여호와의 임재와 그분의 능력을 상징하는 존재였다. 그러므로 이 이야기에 등장하는 제자가 도끼를 잃어버렸을 때 선지자 엘리사가 바로 그 옆에 있었다는 사실(3절)은 단순히 심리적인 위안만을 뜻하지 않는다. 엘리사는 이 제자가 얼마나 열성적으로 일했는지 모두 보고 있었고, 나무를 베다가 도끼를 잃어버린 과정을 그가 다 알고 있었다는 사실은 매우 중요했다. 사탄은 우리의 열정이 부족한 것은 하나님이 함께하지 않으셨거나 우리에게 염증이 나서 우리를 떠나셨기 때문이라고 설득하려 할 것이다. 그는 하나님이 고되게 싸우는 우리 모습을 외면하시며 우리 삶의 세세한 부분을 모르시거나 우리에게 무관심하시다고 믿기를 바란다. 그러나 단지 말로 표현하기 어려울 정도로 상실감에 시달리고 지금 당장 기도의 열정이 생기지 않는다고 해서 하나님이 함께하지 않으신다는 의미는 아니다.

둘째, 그 제자는 좋은 일을 하려다가 도끼를 잃어버렸다. 자신을 비롯해 선지자 학교에서 훈련 중인 제자들을 위해 새 처소를 만드는 생산적인 일을 하던 중이었다(2절). 사실 그렇게 열심히 애쓰지 않았더라면, 그냥 아무 일도 하지 않고 빈둥거렸더라면 도끼 자루가 느슨해져 날이 빠지는 불상사도 생기지 않았을 것이다. 여기서 우리는 좋은 일, 심지어 거룩하고 생산적인 일을 한다고 해서 열정을 잃는 불운에서 자동적으로 면제되지 않음을 알 수 있다. 사실 사탄은 우리가 한창 가치 있는 일에 헌신하고 있는 와중에 은밀히 침투해 사소하지만 매우 비열한 방법으로 열정을 훔쳐 갈 때가 있다. 믿음이나 영적인 열정이 식는 것이 감지될 때, 때로 그것은 정확하게 당연히 해야 할 일을 하고 있고 그 점에서 잘하고 있음을 뜻한다.

셋째, 그 도끼는 빌려온 것이었다(5절). 우리 마음의 열정이나 믿음과 신념은 선물이다. 우리 영혼에 빌려준 것이다. 그 제자의 도끼처럼 열정과 영적인 열심은 그 누군가가 우리에게 선물로 준 것이다. 하나님이 우리가 구하거나 생각하는 것 이상으로 풍성히 주실 분임을 온전히 믿으며 힘을 다해 부르짖은 적이 있다면, 그것은 그분이 먼저 우리 안에 그 열정을 불러일으켜 주셨기 때문이다. 그러므로 기도의 열정이 약해지거나 사라질 때마다 죄책감을 느끼며 스스로를 탓하지 말라. 그 열정을 주시고 뜨거운 불길로 거세게 타오르도록 하시는 일은 모두 하나님의 사역임을 기억하라. 우리 힘으로는 그 열정을 임의적으로 만들어 낼 수 없다. 그러나 우리 원수는 은밀하게 처음부터 우리에게서 나오지 않았던 무엇인가를 갖지 않았다고 비난함으로써 우리에게 짐을 지우려고 한다. 속지 말라.

넷째, 하나님이 개입하셔야만 도끼날을 되찾을 수 있었다. 하나님의 선지자는 "도끼가 어디에 빠졌느냐?"고 물었다. 빠진 곳을 가리키자 엘리사는 나뭇가지를 베어 물에 던졌다. 그러자 도끼가 수면으로 떠올랐다(6절). 놀랍게도 엘리사의 손짓에 진흙 뻘인 강바닥에서 도끼날이 빠져나왔고 마치 유목(流木)처럼 수면으로 떠올랐다. 도끼날이 보였다. 그의 의욕도 되돌아왔다! 하나님의 도움으로 열정을 되찾았다. 엘리사의 제자는 도끼날을 되찾을 가능성이 없다고 체념하고 있었다. 엘리사에게 도움을 요청하는 것 외에는 달리 방도가 없었다. 하나님은 선지자를 통해 개입하셔서 도끼날이 다시 떠오르도록 해 주셨다. 도끼날이 땅바닥에 떨어졌더라면 쉽게 주워서 다시 끼워 넣었을 것이다. 그런데 도끼 날은 강 깊은 곳에 빠지고 말았다. 기적이 아니고서는 되찾을 길이 없었다.

바닥으로 완전히 가라앉아 버렸다면 의욕을 되찾기 위해서는 당신에게도 기적이 필요할 것이다. 누구나 한 번쯤은 기도의 열정을 잃어버리는 경험을 하게 되는데 그때에도 마찬가지다.

내 말을 들어 보라. 어떤 경우도, 그 어떤 경우도 하나님이 되살리지 못하실 정도로 멀리 사라져 버린 것은 없다. 심지어 열정도 마찬가지다. 그러므로 하나님께 나아가 열정을 회복하도록 하라. 스스로의 힘으로 되찾으려 하지 말라. 그것을 되찾고자 다른 사람이나 환경에 희망을 걸지 말라. 하나님이 일하시도록 믿음으로 맡기라. 오직 기적적인 일하심만이 원래 있던 수면으로 열정이 다시 떠오르도록 하실 수 있다. 그분은 그 일을 아주 기꺼이 하는 분이시다.

기도의 요청

그러므로 이제 시작해 보자. 이 책의 나머지 아홉 가지 주제로 기도 전략을 고민하고 작성하기에 앞서, 기본적으로 다시 기도하고 싶은 마음이 들도록 우리의 열정을 회복하고 유지하는 중요한 일부터 해야 한다.

그러나 기도의 열정을 이야기한다고, 목청을 높이고 손을 흔들며 눈물을 줄줄 흘리고 땀범벅이 될 정도로 온 힘을 다해 드리는 기도만 하나님이 들으신다고 오해하지 말기 바란다. 침묵하며 잠잠히 기도를 드린다 해도 내면은 뜨거운 열정으로 충만할 수 있다. 누구는 단순히 순종하겠다고 약속해서, 또는 훈련의 일환으로, 아니면 기도하겠다고 작정한 시간이라서 기도의 골방을 찾을 때도 있다.

그분에게 다가가는 행위인 기도는 우리에게 내려오는 그분의 열정을 받는 길이다. 의지력이라는 둔탁한 날로 시작하는 기도라도, 소리 지르며 반항하는 마음을 억지로 끌고 나가 드리는 기도라도 곧 소망과 믿음과 그리스도에 대한 열정적인 확신이라는 예리한 날로 빛날 수 있다. 일단 하나님의 성령의 바람이 불기 시작하면 더 이상 뜻 없는 상투적인 기도는 드릴 수 없다. 대신 하나님의 뜻에 따른 사려 깊은 기도를 드리게 된다. 우리에 대한 적의 공격에 못지않게 위력적인 최적화된 기도를 드리게 된다. 전략적이고 강력한 기도, 적에게 그의 정체가 드러났고 그의 수가 다 들켰으며 그의 게임은 끝났다고 말하는 기도를 드리게 된다. 하나님의 약속을 근거로 우리에게 주실 책임이 있는 것을 다시 되돌려 달라고 탄원하는 기도를 드리게 된다.

첫 번째 기도 전략을 아래의 말씀과 약속으로 확인해 보라.

"하나님이여 내 속에 정한 마음을 창조하시고 내 안에 정직한 영을 새롭게 하소서"(시 51:10).

"여호와의 인자와 긍휼이 무궁하시므로 우리가 진멸되지 아니함이니이다 이것들이 아침마다 새로우니 주의 성실하심이 크시도소이다"(애 3:22-23).

"내가 여호와인 줄 아는 마음을 그들에게 주어서 그들이 전심으로 내게 돌아오게 하리니 그들은 내 백성이 되겠고 나는 그들의 하나님이 되리라"(렘 24:7).

"너희가 내게 부르짖으며 내게 와서 기도하면 내가 너희들의 기도를 들을 것이요 너희가 온 마음으로 나를 구하면 나를 찾을 것이요 나를 만나리라"(렘 29:12-13).

"네 하나님 여호와께서 네 마음과 네 자손의 마음에 할례를 베푸사 너로 마음을 다하며 뜻을 다하여 네 하나님 여호와를 사랑하게 하사 너로 생명을 얻게 하실 것이며"(신 30:6).

"네 마음을 다하고 목숨을 다하고 뜻을 다하고 힘을 다하여 주 너의 하나님을 사랑하라 하신 것이요"(막 12:30).

"너희 보물 있는 곳에는 너희 마음도 있으리라"(눅 12:34).

"또 새 영을 너희 속에 두고 새 마음을 너희에게 주되 너희 육신에서 굳은 마음을 제거하고 부드러운 마음을 줄 것이며"(겔 36:26).

마지막 구절은 너무 급하게 읽지 말라. 다시 말하지만, 천천히 음미하며 읽으라. 숨이 막힐 듯 더운 여름날 시원하고 상큼한 음료수 한 잔을 앞에 두고 홀짝홀짝 마실 때 타는 듯한 갈증이 천천히 잦아드는 느낌을 생각해 보라.

"너희에게 주되"라는 약속이 보이는가? 돌 같은 마음을 제거하고 부드럽고 살아 있는 마음을 다시 주신다니. 다시 힘차게 요동치며 반응하는 마음을, 다시 시작하고 싶다는 마음을, 다시 믿을 수 있는 마음을 주신다니….

열정을 구하는 기도가 인위적으로 기분 좋게 만들거나 흥분하게 만드는 것이라고 오해해서는 안 된다. 이 기도는 먼저 하나님의 신실하심과 선하심, 원수에게 이미 이루신 승리를 감사하며 기도의 팔을 내리지 않는 것을 말한다. 그런 다음 원하는 것을 구한다. 이미 하나님이 우리에게 주려고 하시는 것을 구한다. 그런 다음 성령으로 새롭게 회복해주시리라는 약속을 받고자 기다리며 매일 더 간절히 기도하되, 호세아 선지자가 말한 것이 이루어질 때까지 기도해야 한다.

> "비와 같이, 땅을 적시는 늦은 비와 같이 우리에게 임하시리라"(호 6:3).

사람이 어떻게 비로 땅을 적시게 할 수 있는가? 하늘을 들쑤신들 비를 내리게 할 수는 없다. 그냥 비가 내리는 것을 지켜볼 뿐이다. 폭우가 올 때는 서서, 하늘의 수문을 열어 우리에게 필요하지만 우리 힘으로 할 수 없는 것을 보내 주신 데 대해 감사하는 일 외에 우리가 할 일은 없다. 그토록 신실하고 변함없이 은혜를 베풀어 주심을 감사하는 것만이 우리가 할 수 있는 유일한 일이다.

그렇다면 먼저 앞에 뽑아 놓은 성경 구절들을 살펴보자. 그리고 연필을 쥐고 이 책 뒤편에 기도 제목을 적는 페이지를 펼쳐서 열정을 회복할 기도 전략을 써 보라. 아직 열정이 고갈되지 않고 넉넉하다면 유지할 수 있도록, 고갈되고 없다면 다시 회복하도록 하나님의 도우심을 구하는 기도 전략을 써 보는 것이다. 찬양, 회개, 간구로 각각 나누어 칸을 만들고 약속의 확인 칸을 만들라.

그러나 작성한 내용을 읽는 수준에서 끝내지 말라. 그 내용들을 붙잡고 기도하라. 기록한 내용이 짧든 길든, 혹은 그 중간이든 마음의 뜨거운 소망으로 자리 잡은 대로 이루어지리라는 기대 속에, 전심을 다해 지치지 말고 끈기 있게 기도하라. 신년이 되면 으레 하는 새해 결심 목록이 아니다. 이것은 기도 전략이다.

그리고 그것은 그대로 이루어질 것이다.

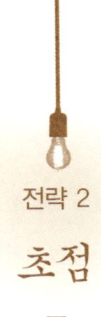

전략 2

초점

―

진짜 적(敵)이 누구인지 알아채라

―

내가 당신의 적이라면, 변장을 하고 엉뚱한 범인에게 집중하도록 관심을 유도하는 공작을 벌일 것이다. 남편이나 친구, 그동안 받은 상처, 재정 상태, 혹은 나를 제외한 어떤 대상이나 사람을 탓하도록 만들 것이다. 눈에 가장 잘 띄는 대상에게 초점을 맞추고 문제에 맞서려고 할 때 잘 싸우고 있다는 인상을 받기 때문이다. 실제로 하는 일이란 아무 소득도 없이 고작 싸우는 것뿐임에도 말이다.

간절한 기도를 하려면 초점이 중요하다.

초점을 정확히 맞추면 쓸데없는 배경이나 잡다한 부분은 시야에서 완전히 사라진다. 세세한 부분까지 포착해서 사진의 이미지를 또렷하게 만들어 주고, 기억하고 싶은 부분은 부각하며 덜 중요한 부분은 뒤로 밀거나 아예 보이지 않도록 한다.

초점을 맞추면 시선을 분산시켜서 산만해질 위험을 최소화하므로 기습 공격을 당할 위험을 낮출 수 있다. 불필요한 데 시선이 사로잡히지 않고, 더 적극적으로 관심을 기울여야만 명확하게 부각되는 중요한 사실들을 간과하지 않게 된다. 초점을 맞추면 목표와 꿈이 사소한 일로 소모되지 않도록 막을 수 있고, 잠깐의 타협으로 눈앞에서 그 꿈을 도둑맞지 않도록 예방할 수 있다.

초점은 안테나와 같아서 기도로 촉수를 세우고 당신을 바보 취급하려는 사람을 기민하게 포착해서 걸러낼 수 있다.

적은 우리를 무너뜨리기 위한 목표를 이루기 위해 이런 작전에 죽기 살기로 매달린다. 우리를 속이고 위치를 벗어나도록 만드는 데 공을 들인다. 극장의 중앙 무대가 아니라 구석으로 시선을 끌어 초점을 분산시킴으로써 우리 인생의 중요한 문제들의 원인이 저곳 어딘가, 실제 발원지가 아닌 다른 곳 혹은 다른 대상에게 있다고 믿게 하려 애를 쓴다. 행동이 실제로 벌어지는 곳이 아닌 물리적이고 가시적인 대상에게 관심이 쏠리기를 원한다. 다시 말해서 '커튼 뒤의 사람에게는 관심 금지'라는 것이다.

가을에 인근 교회 주차장에서 열린 축제에서 본 흥미로운 장면이 떠오른다. 한 남자가 큰 나무 판을 트럭 옆면에 연결하더니 나무 판에 구멍을 대여섯 개 만들고 커튼으로 그 위를 가렸다. 그 구멍에는 손가락 인형 가족을 끼워 넣었다. 아이들은 줄을 서서 기다리다가 차례가 되면 트럭에 올라가 인형들이 구멍 아래로 사라지기 전에 크고 가벼운 망치로 인형 머리를 때리는 게임을 했다.

교회 주차장판 두더지 게임이었다.

그런데 한 다섯 살짜리 소년이 줄을 서서 기다리는 게 지겨워졌다. 꾀가 난 소년은 줄에서 빠져나와 인형이 더 잘 보이는 곳을 찾아 트럭 옆으로 다가갔다. 슬그머니 호기심이 생겨 커튼을 꽉 잡은 다음 휙 잡아당겼다. 갑자기 눈 앞에는 저녁 공기 속에 익살스럽게 흔들리던 귀여운 여섯 개의 손가락 인형 대신 양팔을 나무 판자 사이에 넣고 손에 인형을 끼운 어른 세 사람이 모습을 드러냈다.

그날 그 자리에 있었던 구경꾼들은 한 가지 깨달음을 얻었다. 눈으로 볼 수 없는 무엇인가가 수면 아래에서 보이는 것을 조종하고 통제하며 움직이고 있다는 사실이었다.

성경에서 내가 좋아하는 책 중 하나인 에베소서에서 사도 바울이 우리에게 들려주려고 하는 메시지가 정확히 바로 이런 내용이다.

"우리의 씨름은 혈과 육(눈으로 볼 수 있는 것)을 상대하는 것이 아니요 통치자들과 권세들과 이 어둠의 세상 주관자들과 하늘에 있는 악의 영들(눈으로 볼 수 없는 것)을 상대함이라"(엡 6:12).

다시 말씀을 들어 보라. 혈과 육, 살과 뼈는 우리의 실제 싸움이 벌어지는 곳이 아니다. 성경이 지적한 대로 우리의 진짜 적은 너무나 분명하다. 사탄이 우리 적이다. 언제나 그가 우리의 적이었다.

그러나 정신없이 일에 부대끼며 생활에 시달리다 보면 에베소서 6장과 같은 구절들을 접할 기회는 쉽게 사라진다. 심지어 그 말씀을 알고 있다 하더라도 이런 공격들이 시작되는 진원지가 어디인지를, 저 커튼 뒤가 바로 그곳이라는 사실을 망각하게 된다. 그리고 그 사실을 알아차리지 못하고 기억하지 못하게 되면 궁극적인 실체로 돌아가는 길을 발견하기도 전에 통제력을 잃어버리고 우왕좌왕하게 된다.

바울 당대의 에베소 성도들에게는 그들의 진짜 문제가 물리적인 세계에 있지 않다는 사실을 굳이 납득시킬 필요가 없었다. 이 1세기 그리스도인들은 물론, 대부분 이방인들이었고 그들의 인식 체계에서 영적인 세계는 생생하게 살아 있는 실체였다. 따라서 이런 범신론적인 문화 속에서 하나님이 사람들을 복음 앞에 나아오도록 이끄실 때, 이 초기 그리스도인들은 영적인 실체들이 세상에서 활동 중이라는 사실에 대해 이미 교육을 잘 받은 상태였다. 그러나 오늘날, 적어도 서구 문화권에서는 본능적으로 사탄의 힘을 과소평가하는 경향이 있다. 심지어 사탄은 옷장 속에 숨은 괴물이나 붉은 망토와 쇠스랑을 찬 유령처럼 가공의 존재로 여겨지기도 한다. 사탄이 음흉하고 사악하며 집요하고 끈질긴 인격적인 존재로서 매우 위협적임에도 우리는 그를 상상력의 산물인 양 우습게 여겨 왔다. 그 결과 그가 마음대로 계략을 꾸미고 위협하도록 내버려 두고 우리는 그를 제외한 모든 사람들에게 총격을 가하며 돌아다닌다. 그러나 두더지 게임처럼 가장 가까이, 눈에 잘 띄는 곳에서 머리를 내미는 것만 공격하는 것이 고작이라면 두 가지 잘못을 저지르는 셈이 된다. 첫째, 아껴 두었다가 진짜 적에게 조준해야 할 소중한 시간과 에너지를 낭비하게 된다. 둘째, 적을 놀라게 할 수도 없는 무기로 잔혹한 영적인 세력과 싸우려고 시도한다는 것이다. 심지어 그 무기는 적을 공격하도록 설계되지도 않았다. 그러므로 정신없이 속수무책으로 무너진다.

    조준이 완전히 빗나갔기 때문이다.

    적은 정확히 바로 이 점을 노리고 있다.

진짜 적은 남편이 아니다. 십대 자녀도 아니며 올케도 아니다. 혹은 시어머니나 궂은 날씨도 아니며 한 발자국도 움직이지 않는 교통 체증도 아니다. 설탕에 중독된 입맛도 아니다. 초조하고 불안하게 하며 당신이 정신을 차리기 전에 폭발할지 모르는 짜증스러운 상황도 아니다.

진짜 적, 영어로는 대문자 E(Enemy)로 시작되는 진짜 적이 있다.

그 적이 누구인지 우리는 안다. 그리고 적을 계속 방치하면서 돈이든 마음이든 주장이든, 그것에 맞선 허무한 노력을 하며 문제들을 해결하거나 이겨 내려는 무모한 시도를 해서는 안 된다. 승리의 삶을 살기 위해서는 적의 엄포에 맞서 커튼을 걷어 내고 영적인 눈을 크게 뜬 채 늘 환경과 성장 배경, 남자 친구, 심지어 자신을 탓하며 자학하게 하는 수많은 문제의 배후에 있는 존재를 끊임없이 경계해야 한다.

기도를 하면 다른 방법으로 이 일을 해낼 수 있다. 정확한 대상에 초점을 맞추는 수준을 유지할 수 있다. 무엇보다 기도는 원래부터 눈을 뜨는 경험이기 때문이다.

기도는 적에게 그의 정체를 알고 있다고 선포하는 것일 뿐 아니라 스스로에게 그 사실을 일깨우는 작업이기도 하다. 당신이 그를 주시하며 경계하고 있음을 알리는 선언이자 각성의 시간이다. 염려와 두려움과 짜증스러운 일을 기도로 주님께 내어 맡길 때 연약한 마음은 성령의 강력한 능력을 받게 된다. 혼자 힘으로, 엉뚱한 대상과 싸우다 늘 실패하는 대신 하늘의 세력과 힘을 합침으로써 문제의 근원과 직접 싸우게 된다. 살아 계신 하나님의 군대를 바짝 뒤따라가서, 적이 우리를 공격할 정교한 계략을 짜고 있는 야전 막사로 직접 쳐들어가 그의 작전 사령부를 파괴하게 된다. 이렇게 그의 계략을 알고 있음을 확실하게 주지시킬 수 있다.

인생에서 일어나는 모든 불행과 불편한 일이 모두 지옥의 구덩이에서 흘러나오고 있다는 말을 하려는 건 아니다. 때로 우리가 사는 세상이 악하기 때문에 "환난"을 당할 수 있고(요 16:33), 때로 우리 자신의 잘못으로 힘들고 고단한 상황에 처하기도 한다(갈 6:7). 성경은 하나님이 우리 마음을 돌이키시기 위해 필요할 경우 모든 수단을 동원하시는 주권자라고 말한다. 우리의 숨어 있는 죄를 드러내시기 위해서일 수도 있고 혹은 신뢰의 교훈을 가르치시거나, 전지하시며 사랑으로 충만하신 그분의 뜻에 부합한 길로 우리를 준비시키시며 정결하게 하시기 위해서일 수도 있다(삿 3:4; 약 1:2-3). 우리 대적과 반대로, 하나님은 우리가 성장하는 데 도움이 된다면 잠시 괴롭다 해도 어떤 수단이라도 사용하는 분임을 우리가 알기 원하신다. 어려움과 징계

속에서도, 혹은 타락한 세상에서 피할 수 없는 인생의 부침 속에서도 하나님은 신뢰할 수 있는 분임을 우리가 알기 원하신다. 그분은 "모든 것"이 합력하여 선을 이루며 당신의 목적을 이루어 가겠다고 약속하는 분이시다(롬 8:28).

그러나 사탄은 하나님과 반대로 행동한다. 사탄의 행동은 어김 없이 거짓과 어둠을 동반한다. 음모와 속임수가 숨겨져 있다. 그는 "광명의 천사로 가장한다"(고후 11:14). 그에게 성공이란 우리 가정과 교회, 일터, 이웃에 불화를 조장하는 것이고, 그 와중에 그 사실을 누구도 의식하지 못하게 하는 것이다. 그렇게 하면 그가 아니라 서로에 대해 본능적으로 폭력적인 반응을 할 거라는 사실을 안다. 서로 공격하고 반격하며 손가락질하고 책임을 돌리느라 그의 존재를 망각하게 되는 것이다. 우리가 이렇게 서로에게 반응하는 동안 그는 입구에 앉아 안에서 벌어지는 싸움을 예의 주시하며 자신이 얼마나 출중한지 자화자찬한다. 또 우리가 얼마나 다루기 쉬운 표적인지 확인하며 쾌재를 부른다. 그리고 원하던 대로 작전이 완벽하게 통하기를 바라며 촉각을 곤두세우고 지켜본다.

외모에 대한 집착, 가치에 대한 그릇된 인식, 가족 개념의 재정의와 같은 현대 문화의 거짓 이데올로기들은 우연히 발전한 것이 아니다. 절대 속아 넘어가서는 안 된다. 특정한 욕망을 부추기는 유혹들은 우연히 나타나는 게 아니다. 가장 취약한 관계 아래 잠복한 상태로 있거나 밖으로 완전히 표출될 수도 있는 불화와 역기능 역시 단순한 우연이 아니다. 이런 일들은 그 어떤 경우에도 우연히 일어나지 않는다. 하늘의 영역에서 시작되어 물리적인 영역에서 나타나는 그의 기만적인 계략이다.

그가 이 방식을 계속 고수한다면 우리도 이대로 당하지 말고 도전장을 내밀어야 한다. 완전 무장을 해야 한다.

그리고 모든 초점을 그에게 맞추어야 한다.

사도 바울은 에베소서 6장 10-11절에 반복해서 암송하고 규칙적으로 우리 자신에게 주지시킬 만한 가치가 있는 말씀을 소개하고 있다. "하나님의 전신갑주를 입고" "주 안에서와 그 힘의 능력으로 강건해지며" 그렇게 해서 "마귀의 간계를 능히 대적할" 수 있도록 하라. 진짜 적을 무찌르기 위해 필요한 무기와 보호 장비(14-17절)도 있다. 진리의 허리띠, 의의 호심경, 평안의 복음이 준비한 신, 믿음의 방패, 구원의 투구, 하나님의 말씀으로 더 잘 알려진 성령의 검이다. 사실 이 내용은 이해하기가 다소 어렵다. 그러나 이처럼 독창적이고 호전적인 심상(心想)에만 연연하지 말고 각각의 전투 장비에 내재된 진정한 능력을 보아야 한다.

- "진리"는 하나님의 기준을 말한다. 성경이라는 변함없는 객관적인 기준에 맞추어 우리 삶을 다스리고 교정해 나간다.
- "의"는 올바른 삶을 말한다. 진리를 우리 생활에 적용하는 과정으로서, 성령을 따라 하나님을 기쁘시게 하고 영화롭게 하게 된다.
- "평안"은 성도가 예수님과의 관계 덕분에 소유하는 심오하고 영원한 내적인 안정감이며 외부 환경에 굴복하지 않는 균형감을 말한다. 또한 이웃과 평화롭게 살 수 있는 자질이기도 하다.
- "믿음"은 우리가 믿는 바를 적용하는 것이다. 믿음대로 실행하고 그에 맞추어 실제로 사는 과정이다.
- "구원"은 그리스도와의 관계로 받은 온전한 유업일 뿐 아니라 그리스도로 인해 누리는 영원한 안전함을 말한다. 여기에는 우리가 받은 축복, 지위, 정체성, 그분을 위해 승리의 삶을 살도록 주신 모든 것이 포함된다.
- "하나님의 말씀"은 오늘 우리에게 주시는 현재적이고 개인적이며 시의적절한 말씀이다. 성경책은 옛 책일지 몰라도 하나님의 성령은 그 책이 우리에게 생생하게 살아 있는 새로운 말씀이 되도록 해 주신다.

단호한 결의로 이런 무기들, "육신에 속한 것이 아니요" 적의 계략을 "무너뜨리는 하나님의 능력"(고후 10:4)인 이 무기들을 사용한다면 그의 계략을 막아 내고 그를 물리칠 수 있다.

그리고 이 장비들을 하나로 연결해 주는 무기 즉 우리 갑옷을 활성화하고 하나님의 능력을 불어넣는 유일한 무기는 기도다. 기도 말이다! 바울은 "항상 성령 안에서 기도"하라고 말했다(엡 6:18). 여기에서 "항상"으로 번역된 원어는 '카이로스'(kairos)로 특정한 시기나 상황, 특정한 사건을 가리킨다. 영적 전쟁에서 적의 동태를 파악하고 갑옷을 차려입을 때 그 특정한 사건의 필요에 맞추어 열정적이고 구체적이며 전략적이고 개인적인 기도를 드릴 필요가 있다. 하나님의 갑옷이 최대의 성능을 발휘하도록 에너지를 공급해 주는 것이 바로 이런 기도다. "깨어 구하기를 항상 힘쓰며 여러 성도를 위하여" 드리는 기도다(18절). 당신을 위해, 나를 위해, 우리 모두를 위해 기도하라고 바울은 말한다. 그래야 커튼이 걷히고 진짜 적이 있는 곳을 찾아낼 수 있다. 그러므로 담대하고 강력한 예수님의 이름으로 영적인 갑옷을 무장하고 살아갈 수 있도록, 그리고 우리 가정과 나의 마음과 오늘 하루에 악한 세력들의 손길이 미치지 않게 해 달라고 기도하라.

이런 기도가 초점을 맞춘 전략적인 기도라 할 수 있다.

그리고 분명히 말하지만 이것은 효과가 있다. 물리적인 무기는 물리적인 전투에서 효과가 있다. 가령 더 열심히 노력하고 더 일찍 일어나는 일, 새로운 이웃이 있는 곳으로 이사를 가는 일, 누군가를 소파에 재우는 일, 누군가와 마음을 나누는 일 등이다. 그러나 아무리 원한다 해도, 인생이 관리 가능한 것이며 오감의 지배를 받는 삶이 나아졌다고 느껴도, 우리가 싸워야 할 싸움은 이런 물리적인 싸움만이 아니다. 우리는 영적 전쟁 중이다. 그러므로 영적인 무기가 필요하다.

그리고 예수님 안에 거하며 기도로 이 무기들을 사용하면 승리할 수 있다. 실제로 우리는 이미 승기를 잡았다. 승리는 이미 우리 것이다. 그리스도를 통해 사탄은

- 무장해제되어 구경거리가 되었다(골 2:15).
- 복종하게 되었다(엡 1:20-22).
- 완전히 제압당했다(빌 2:9-11).
- 무력하게 되었다(히 2:14).
- 애써 이룬 모든 일이 허사가 되었다(요일 3:8).

이제 우리는 그 승리 안에 행하며 정당한 우리 몫을 주장하면 된다. 에베소서 6장의 갑옷으로 무장하고 영적인 능력을 활성화시키는 훈련, 즉 기도에 매진할 때 우리에게 필요한 것은 총알 하나밖에 없다. 오직 한 명만을 겨누어서 요리조리 피하여

도망가는 적의 뒤를 끝까지 추적해 그가 피해 들어갈 쥐구멍까지 다 찾아내는 총알이다.

사탄, 시도는 좋았구나. 하지만 여기서는 네 계략이 통하지 않아. 널 파멸시키고 말 거야. 완전히 무너뜨리고 말겠어. 우리 소리를 선명하게 들을 수 있도록 목청 높여 기도할 거야.

이제 들어봐.

널 잡았다. 넌 끝났다.

기도의 요청

지금 소개하려는 성경 구절들에는 물리적인 세계와 영적인 세계 사이를 가리고 있는 은밀한 베일을 없애는 데 도움이 될 내용들이 포함되어 있다. 이 구절들은 영화관에서 영화를 실사처럼 보기 위해 착용하는 3D 안경과 거의 유사한 역할을 한다. 3D 영화관에서 특수 안경을 쓰지 않으면 초점이 맞지 않아 화면을 선명하게 볼 수 없다. 영상이 번지고 왜곡되어 보인다. 우리는 보고 있다고 생각하지만 실제와는 다르다. 육안만으로는 3D 영화의 시각 정보를 처리해서 두뇌에 사용 가능한 형태로 조합할 수 없다. 그냥 화면이 흐릿하고 뿌옇다. 두통이 시작된다. 그러나 그 안경을 쓰면 제작자가 의도한 영상을 보게 될 것이다. 갑자기 화면이 생생하게 살아난다. 악당이 바로 눈앞에 있다. 놓치려 해도 놓칠 수 없다. 참으로 정교한 질감과 깊이와 선명한 시야라니. 아, 원래 이렇게 보아야 정상이었던 것이다. 실제 모습이 바로 이것이었다.

일단 보이지 않던 적이 드러나고 선명하게 시야에 포착되면 그동안 우리 인간 드라마의 주범이라고 생각했던 사람들, 장소, 사건들에 집중하던 시선을 거두어 들일 수 있다. 그리고 아무 효과도 없는 방법에 헛되이 에너지를 허비하는 일, 솔직히 말하자면 완전히 우리 힘을 소진하도록 만드는 일을 멈출 수 있다. 대신 눈을 들어 예수님을 바라보게 된다. 진짜 적이 누구인지 늘 알고 계셨던 분을 바라보게 된다. 그분은 갈보리에서 우리의 원수, 이 사기꾼의 날개를 완전히 꺾어 버리셨다. 아무런 적수도 되지 않는 보잘것없는 적의 정체를 알고 계셨다. 그를 꺾어 버리셨기 때문에 사탄은 이제 우리와 싸워 이길 승산이 없다. 그 이후로도 그렇다.

그러므로 "오직 도둑질하고 죽이고 멸망시키려는" 자에 맞서 싸울 기도 전략을 세우라. 사탄은 우리로 생명을 얻게 하고 "더 풍성히 얻게 하려"(요 10:10) 오신 무적의 상대에 맞서 싸워야 한다. 오늘 그리고 날마다 커튼을 걷어 젖힐 수 있도록 하나님께 요청하는 맞춤 기도를 드리라. 그러면 우리가 벌이는 언쟁이나 좌절, 분노, 불화, 거짓, 불안, 두려움 뒤에 사탄이 있을 때 알아볼 수 있다. 그동안 화살을 겨누어 왔던 사람들과 환경에서 관심과 정신적인 에너지를 돌려 다시 초점을 맞출 수 있도록 도움을 요청하라. 아래 구절들이 길잡이가 되어 줄 것이다.

"내가 확신하노니 사망이나 생명이나 천사들이나 권세자들이나 현재 일이나 장래 일이나 능력이나 높음이나 깊음이나 다른 어떤 피조물이라도 우리를 우리 주 그리스도 예수 안에 있는 하나님의 사랑에서 끊을 수 없으리라"(롬 8:38-39).

"모든 통치와 권세와 능력과 주권과 이 세상뿐 아니라 오는 세상에 일컫는 모든 이름 위에 뛰어나게 하시고"(엡 1:21).

"이러므로 하나님이 그를 지극히 높여 모든 이름 위에 뛰어난 이름을 주사 하늘에 있는 자들과 땅에 있는 자들과 땅 아래에 있는 자들로 모든 무릎을 예수의 이름에 꿇게 하시고 모든 입으로 예수 그리스도를 주라 시인하여 하나님 아버지께 영광을 돌리게 하셨느니라"(빌 2:9-11).

"여호와여 내가 주를 높일 것은 주께서 나를 끌어내사 내 원수로 하여금 나로 말미암아 기뻐하지 못하게 하심이니이다"(시 30:1).

"나의 대적이여 나로 말미암아 기뻐하지 말지어다 나는 엎드러질지라도 일어날 것이요 어두운 데에 앉을지라도 여호와께서 나의 빛이 되실 것임이로다"(미 7:8).

"내가 환난 중에 다닐지라도 주께서 나를 살아나게 하시고 주의 손을 펴사 내 원수들의 분노를 막으시며 주의 오른손이 나를 구원하시리이다"(시 138:7).

"내 원수가 나를 이기지 못하오니 주께서 나를 기뻐하시는 줄을 내가 알았나이다"(시 41:11).

"하나님이 일어나시니 원수들은 흩어지며 주를 미워하는 자들은 주 앞에서 도망하리이다"(시 68:1).

"우리를 시험에 들게 하지 마시옵고 다만 악에서 구하시옵소서 나라와 권세와 영광이 아버지께 영원히 있사옵나이다 아멘"(마 6:13).

"주는 미쁘사 너희를 굳건하게 하시고 악한 자에게서 지키시리라"(살후 3:3).

장담하지만, 적은 반드시 그동안 저지른 일과 우리에게 하고 있는 일, 감히 하나님의 자녀들을 괴롭힌 것에 대한 대가를 치를 것이다.

그러므로 위의 성경 말씀으로든 혹은 성령께서 관심을 갖도록 인도하시는 다른 성경 말씀으로든, 진짜 적의 이름을 기억하고 무엇보다도 모든 이름 위에 뛰어난 이름을 기억하도록 도와줄 기도 전략을 작성해 보라.

- 찬양(P) : 능력으로 통치하시고 승리의 무기를 갖추게 해 주신 하나님께 감사를 드리라.
- 회개(R) : 그동안 엉뚱한 사람들과 싸우며 적이 아닌 다른 대상에게 관심을 분산시키며 분노했던 사실을 인정하라.
- 요청(A) : 용기와 분별력, 인내심, 부지런함과 레이저처럼 정확하게 대상을 조준할 집중력을 주시도록 기도하라.
- 약속의 확인(Y) : 주님은 우리와 함께하시며 우리를 통해 진짜 적과 싸워 주신다.

마지막으로 수백 년 전 전쟁을 앞두고 하나님의 한 선지자가 하나님의 백성들에게 한 말씀으로 용기를 얻으라.

"너희는 이 큰 무리로 말미암아 두려워하거나 놀라지 말라 이 전쟁은 너희에게 속한 것이 아니요 하나님께 속한 것이니라 … 대열을 이루고 서서 너희와 함께 한 여호와가 구원하는 것을 보라 유다와 예루살렘아 너희는 두려워하지 말며 놀라지 말고 내일 그들을 맞서 나가라 여호와가 너희와 함께 하리라 하셨느니라"(대하 20:15-17).

전략 3

정체성

—
당신이 누구인지를 반드시 기억하라
—

내가 당신의 적이라면 당신의 장점은 깎아내리고 불안하고 약한 부분은 과장하여 결국 내 의도대로 스스로를 인식하도록 만들 것이다. 그래서 공격을 되받아치지 못하도록 무력하게 하고 무장해제시켜 자유를 누리지 못하게 하며, 하나님이 원래 창조하신 본래의 모습을 회복하지 못하도록 할 것이다. 하나님이 지금까지 우리에게 베풀어 주신 것을 깨닫지 못하게 함으로써 우리 안에서 역사하시는 하나님의 능력을 의심하도록 힘을 다할 것이다.

참으로 비극적인 일이었다.

열아홉 살 대학생 애비는 봄방학을 맞아 네 명의 친구들과 함께 디즈니랜드로 놀러갔다가 집으로 돌아오는 중이었다. 그녀가 탄 차 타이어에 펑크가 났고 대형 사고로 이어졌다. 소녀들 중 두 명이 차 밖으로 튀어나가 즉사했다. 애비는 그중 한 사람이었다.

두 명이 죽고 세 명이 심각한 중상을 입었다는 소식이 애리조나의 가족들에게 전해지면서 장거리 자동차 여행을 떠난 대학생 딸들에 대한 부모의 우려는 현실이 되었다. 그들은 차마 말로 할 수 없는 충격과 슬픔에 빠졌다. 애비의 부모는 충격과 비통한 마음을 겨우 추스르며 딸의 장례식 준비에 며칠을 매달렸다. 중상을 입은 딸을 둔 부모들은 자녀들의 회복을 위한 기도에 힘썼다. 병상에 누운 세 사람은 얼굴이 멍들고 부어올라서 누가 누구인지 분간하기 어려울 정도였다.

그런데 사고가 나고 6일 후인 토요일, 병원 관계자가 세 가족 중 두 가족에게 심각한 착오가 있었음을 알렸다. 두 소녀의 모습이 너무 흡사해서 실제 사망자와 생존자가 바뀌었다는 것이다. 자신의 딸이라고 믿고 병상을 지키던 부모들에게는 청천벽력같은 소식이 아닐 수 없었다. 눈앞에 누워 있는 소녀가 그들의 딸이 아니라니. 딸은 이미 사고로 사망했다니. 그렇다면 애비의 부모들은? 그들은 상상조차 할 수 없었던 소식을 들었다.

애비가 죽지 않았다고 했다. 딸이 살아 있었다.

그 소식을 듣고 받은 충격은 이내 불신으로 바뀌었다. 그러다가 그것은 기쁨으로 바뀌었다. 하지만 기쁜 중에도 분노가 치밀어 올랐다. 사실이 아닌 일로 꼬박 6일을 참담한 슬픔 속에 살아야 했고 겪지 않아도 되는 충격과 고통을 감당했던 것이다.

그 모든 일은 결국 서로의 정체를 혼동했기 때문이었다.

적은 우리가 정체성의 착오로 고통당하기를 바란다. 그래야 자신이 매우 수월하게 일할 수 있고 우리 방어력을 크게 약화시킬 수 있기 때문이다. 그는 우리 진짜 신분과 진실을 숨기기 위해 밤 늦도록 일한다. 우리가 살아 있고 자유로운 존재이며 하나님의 성령이 주시는 힘으로 그와 맞서 승리할 수 있다는 사실을 숨기는 데 혈안이 되어 있다. 우리가 불안에 시달리며 자기 의심으로 무력감에 빠져 실제로 누구인지를 누리는 대신 자기가 바라는 모습 때문에 슬퍼하고 낙심한 상태에서 헤어 나오지 못하게 음모를 꾸민다.

우리가 기도할까 봐, 간절히 기도할까 봐 그가 노심초사하는 이유도 여기에 있다. 간절한 기도는 우리의 진정한 정체성에 초점을 맞추게 한다. 우리가 실제로 누구인지를 자각하게 하고 그리스도 안에서 우리가 실제 가진 능력을 온전히 이용하게 한다.

우리의 진짜 정체는 매일 거울 속에 비치는 모습으로 확인하는 것과는 상당히 다를 수 있다. 어색한 대인 관계로 위축되거나 번듯하게 성공한 친구들이나 고급스럽게 치장한 다른 교인들, 심지어 완전히 낯선 사람들을 보면서 자신의 초라한 모습과 비교할 때 의식하는 것과도 상당히 차이가 있다. 적은 전략적으로 우리를 공격할 때, 공격 태세로 은밀히 전환할 때 우리가 본래 신분을 자각하지 못하기를 바란다. 의욕도 생기도 없이 스스로를 무가치하고 초라한 존재라고 믿기를 바란다.

적이 우리가 성경을 읽는 데 몰두하거나 바닥에 무릎 꿇고 엎드리기를 바라지 않는 이유도 이 때문이다. 그곳에서 빛이 비치기 때문이다. 그곳에서 우리가 살아 있고 적에 맞설 장비를 모두 갖추고 있다는 놀라운 소식을 발견할 수 있다. 성경은 우리가 "전에는 어둠"이었다는 사실을 인정한다. 한때는 그랬다. 그러나 이제 "빛의 자녀"들은 "주 안에서 빛"으로 그리스도를 통해 "빛의 열매"를 맺을 수 있다(엡 5:8-9).

바울이 에베소 교회에 보내는 편지에서 우리에게 주신 영적인 축복들을 초반부터 연달아 소개하는 이유가 여기에 있다. 이 축복들은 오롯이 우리를 향한 그리스도의 사랑의 결과이며 그분이 우리를 얼마나 소중한 존재로 보시는지 알 수 있는 증거다. 솔직히 이 구절에 익숙한 사람들이 많아서 건성으로 보지 않을까 염려된다. 여기서 굳이 이 구절들을 소개할지 망설이는 마음도 있다. 그러니 부디 영혼 깊은 곳까지 이 말씀이 스며들도록 진지하게 묵상하기 바란다. 에베소서 1장에서 바울이 알려주는 우리 신분을 확인하고, 내면 깊숙한 곳에 있는 불안이 치유되기 바란다. 우리가 받은 축복은 아래와 같다.

- 우리는 그리스도를 통해 "모든 신령한 복"을 받았다(3절).
- 그 안에서 "창세 전에" 택함을 입었다(4절).
- "그 앞에 거룩하고 흠이 없는" 자로 여김을 받았다(4절).
- "그 기쁘신 뜻대로" 자녀로 입양되었다(5절).
- 은혜의 "풍성함을 따라" 속량과 죄 사함을 받았다(7절).
- 하늘의 영광스러운 "기업"의 수혜자가 되었다(11절).
- "약속의 성령으로" 영원히 인치심을 받았다(13-14절).

이외에도 더 소개할 수 있다. 바울은 더 많은 축복을 이야기하고 있다. 위에서 인용한 내용은 성경의 한 책에서 한 장만 골라 대표적인 내용을 간략히 요약한 데 지나지 않는다.

그러나 내가 이 편지에서 매우 좋아하는 부분 혹은 사탄이 우리에게서 숨기고 싶어하는 부분은 바울이 교실에서 강의를 하듯이 이 모든 영적인 자료를 단순 전달하고 끝내지 않는다는 점이다. 바울은 다가오는 중요한 시험에 대비해 암기할 내용을 적듯이 칠판에 단편적인 정보를 소개하는 식으로 이 자료를 제시하지 않는다. 이 부분을 읽어 보면 15절과 16절에서 한창 축복을 구술하던 중 바울은 준비된 독백을 물 흐르듯이 자연스럽게 기도로 이어 가기 시작한다. 이야기하듯이 축복을 나열하다가 너무나 자연스럽게 기도로 나아가고 있다. 우리 눈이 열려 참으로 우리가 누구인지 온전히 보고 깨닫게 해 달라는 기도가 이어지고 있다. 우리도 이렇게 기도해야 한다.

- 아버지로부터 "지혜의 영"을 받게 해 달라고 기도한다(17절).
- 마음의 눈이 밝아져 "그의 부르심의 소망"을 알게 해 달라고 기도한다(18절).
- "그 기업의 영광의 풍성함"을 알게 해 달라고 기도한다(18절).
- 우리에게 베푸신 "능력의 지극히 크심"을 알게 해 달라고 기도한다(19절).
- 우리가 "하늘에서 오른편에" 함께 앉아 있음을 알게 해 달라고 기도한다(20절).
- "죽은" 우리를 하나님이 살리셨음을 알게 해 달라고 기도한다(2:5).

말씀과 기도의 이런 조합은 전략적인 측면이 있다. 우리는 성경에서 하나님이 우리를 위해 행하신 일의 기록된 증거를, 우리를 창조하시고 부르셔서 의도하신 본연의 모습으로 빚어져 가도록 힘을 주셨다는 기록된 증거를 확인한다. 그러면 기도로 하나님과 협력하여 이런 진리들을 우리 마음속에 반복해서 각인시킨다. 그다음으로는 각인된 진리에 접속해 우리의 일상 경험 속으로 그 능력을 끌어들인다.

기도하면 종이 위의 글자가 우리 안에서, 우리 마음뿐 아니라 일상생활 속에서 생생하게 되살아나는 것을 목도한다. 기도하면 거룩한 확신으로 활력이 넘치고 살아 있음을 느끼게 된다. 기도할 때, 험한 길을 처음 개척한 사람처럼 우리 뇌 속에 새로운 신경 연결 통로를 만들고 자기를 인식하는 방식에 변화를 경험하여 참된 정체성, 십자가 아래 달려간 순간 우리에게 새겨진 정체성을 받아들이고 믿게 된다. 충분한 시간을 들여 기도하고 간절히 기도하라. 우리가 살아 있음을 확인하게 되고, 나아가 완전히 잘못 전해진 정보에 의해 너무나 오랫동안 우리가 죽어 있었다고 오해하고 슬픔에 빠져 있었다는 사실에 화가 치밀고 분노하게 될 것이다.

살아 계신 하나님께 입양된 자녀로서, 우리의 창조주시며 구속자가 말해주신 우리 정체성에 부합하도록 전략적으로 기도하지 않는다면, 에베소서의 그 목록에 맞게 우리 스스로를 인식하지 않고 사탄이 주입하는 정체성을 수용한다면 우리를 무가치한 존재라고 선동하는 그의 작전에 여지없이 넘어가고 말 것이다. 우리의 진짜 장점을 무시하고 타고난 신체를 싫어할 것이며 우리 약점만 생각하고 불안에 시달리며 위축될 것이다. 남들과 비교하며 끊임없이 스스로를 '열등하다'고 보게 될 것이다. 사탄은 우리의 진짜 신분을 무시하게 하는 방법으로 우리 힘을 분산시킬 것이다.

그의 거짓말을 믿게 되면 우리는 그와 맞서 싸울 준비가 되어 있지도 않고 그럴 힘도 없다고 생각할 것이다. 약하고 무기력해질 것이며, 그러면 그는 우리를 짓밟고 우리가 사랑하는 것들이나 사람들을 무차별 공격할 것이다. 참되고 살아 있는 실제와 현재 모습의 괴리가 클수록 그는 그 틈을 비집고 들어와 아내, 엄마, 친구, 딸, 동생으로서 우리가 미치는 영향력의 무한한 효력을 약화시킬 수 있다. 하나님의 은혜와 능력, 사랑과 확신의 빛이 당신에게 주신 모든 관계에 아무 영향도 미치지 못하게 하고 그 빛을 무력하게 만들 수도 있다.

우리가 기도해야 할 이유가 여기에 있다. 우리의 참된 정체성에 대한 진리에 계속 초점을 맞추기 위해서다.

믿는 신자로서 우리가 받은 영적인 갑옷 중 한 부분(엡 6:14)은 정확히 이 문제와 연관이 있다. 흔히 진리의 허리띠로 알려진 것이다. 1세기 군사 복장에 관한 역사적인 고증을 바탕으로 더 정확하게 표현하면, 이 허리띠는 몸에 두르는 일종의 거들이라 할 수 있다. 갑옷의 나머지 부위들을 집어넣고 하나로 묶는 용도로 사용했다. 일종의 속옷으로서 기본이 되는 옷이다.

군인은 전쟁에 나가기 전에 이 허리띠를 가장 먼저 갖추어 입어야 했다.

적에 맞서 승리하고 싶다면 진리, 다시 말해 우리에 대한 하나님의 기준과 관점이 먼저 우리 마음과 생각 속에 자리잡아야 한다. 속옷처럼 진리를 착용한 다음 그 진리를 기준으로 모든 것을 재정립해야 한다. 최신 유행하는 액세서리로 꾸미기 전에, 우리 자신에 대해 적이 부추기는 거짓말을 그저 은폐하는 것일 뿐인 겉옷으로 가린 채 본격적인 싸움에 나서기 전에 하나님의 말씀의 선언과 기도로 확보된 진리의 버팀목을 의지해야 한다. 갑옷 전체의 기본이 되는 이 진리로 틀을 잡지 못한다면 영적인 전투에 나설 수 없다. 때에 맞는 복장을 갖추지 못하면 다가올 일을 대비할 수 없다.

사도 바울이 1세기 그리스도인들의 진정한 정체성이 그들 마음속에 선명하게 각인되도록 그렇게 간절히 구했던 이유가 여기에 있다. 다시 들어 보라. 그는 초대 그리스도인들이 이런 정체성을 얻도록 하나님께 구하지 않았다. 그들은 이미 그 정체성을 소유하고 있었다. 그는 그들이 그것을 깨닫도록 기도했다.

그것은 쇼핑 명세서가 아니라 포장 명세서였다. 구매하거나 제조할 필요가 없었다. 다만 그것들에 접근할 수 있고 그들의 것으로 받아 전적으로 사용할 수 있음을 깨닫기만 하면 되었다.

때로 옷장에 옷이 가득해도 문을 열어 보고 입을 옷이 없다고 생각할 때가 있다. 하지만 다시 한번 보라. 진리의 눈으로 보라. 그러면 필요한 옷을 이미 받았을 뿐 아니라 그것도 대단히 많이 받았음을 마침내 깨닫게 된다.

이미 엄청나게 많은 옷이 옷장에 있다.

'하나님의 진리'라는 렌즈로 우리 인생을 보지 못할 때 우리가 보지 못하고 놓치는 것이 무엇인지 알려면 구약 선지자 엘리사와 그의 종이 경험한 이야기가 도움이 될 것 같다.

앞에서 우리는 도끼날이 수면으로 떠오르는 기적에 관한 열왕기하 6장의 이야기를 했다. 이 사건이 일어난 직후 성경은 이웃 국가(아람)와 이스라엘 백성 간에 벌어진 전쟁에 관해 이야기한다. 아람 왕이 공격 전략을 구상하는 동안 하나님이 엘리사에게 그 작전 내용과 군의 동태를 알려 주신다. 엘리사는 하나님이 알려 주신 대로 적의 정확한 동향을 이스라엘 왕에게 전달했고 왕은 군대를 적재적소에 정확히 재배치해 완벽하게 그들의 공격을 방어했다.

격노한 아람 왕은 부하 중에 아람 진영의 군사 정보를 적에게 흘리는 이중 스파이가 있다고 생각하고 배신자 색출 작업에 들어갔다. 노발대발하며 심문을 계속한 끝에 결국 진실을 알게 되었다. 공격 작전이 계속 누설된 이유는 엘리사와 하나님과의 친밀한 대화 때문이었다. 왕은 엘리사를 생포할 목적으로 그가 살고 있는 성을 포위했다. 그리고 그 시각 바야흐로 더 놀라운 사실이 밝혀지려 하고 있었다.

선지자의 시종은 아침 일찍 잠이 깨어 밖으로 나갔다. 기지개를 켜려는 찰나, 무시무시한 광경이 눈에 들어왔다. 성 앞이 말과 마차와 날카로운 병기의 쩌렁거리는 소리로 가득했고 그것들은 일제히 총공격 태세를 취하고 있었다. 종은 황급히 안으로 달려 들어가 도끼날을 잃어버린 제자처럼 혼비백산하여 주인에게 임박한 위험을 두서없이 보고하였다.

엘리사는 언제나처럼 흔들림 없이 그에게 염려하지 말라고 말했다. "우리와 함께 한 자가 그들과 함께 한 자보다 많으니라"(왕하 6:16). 그런 다음 바울이 에베소서 1장에서 참으로 자연스럽게 보여 준 것과 동일한 어조로 종을 향해 말했다. 그가 종에게 한 말은 곧 조치해야 할 행동 목록이나 시행해야 할 전투 전략이 아니었다. 오히려 그는 종이 듣도록 큰 소리로 하나님 아버지께 기도를 드렸다. "여호와여 원하건대 그의 눈을 열어서 보게 하옵소서"(17절).

두려움에 떨던 종은 엘리사의 기도를 듣고 뒤를 돌아보았다. 그의 눈에 들어온 광경은 공격 태세로 진격 준비를 마친 위세등등한 군대라는 물리적인 실체가 아니었다. 산을 가득 메운

천사의 불병거라는 영적인 실체였다. 그 병거들이 그들을 둘러싸고 보호하며 아람 군대가 그들을 공격하지 못하도록, 심지어 한 발자국도 옮기지 못하도록 막아 주고 있었다.

기도로 그는 하나님이 그들 편에 이미 주신 모든 자원과 힘과 보호하심을 볼 수 있게 되었다. 그러나 눈이 열리지 않았을 때는 전쟁이 시작되기도 전, 하루가 시작되기도 전에 이미 패배하고 있었다.

적은 바로 이런 상황을 원한다. 우리가 패배자로 살기를 원한다. 방어력을 무력하게 만들어 결단력이 약해지고 흔들리기를 원한다. 그리스도 안의 정체성이라는 정교한 안정감으로 용감하게 승리하기보다 불안과 오판이라는 군대에 굴복하기를 바란다.

그렇다면 우리가 스스로를 볼 때 왜 결함과 부적절함과 실패와 약점을 주로 보는지 궁금해진다. 물론 그런 약점들은 많은 부분에서 실제로 존재하는 것이다. 외부의 도움이 없이 우리 힘만으로는 그 문제들을 실제로 감당할 수 없다. 그러나 우리를 절망으로 몰아넣고 낙담에서 헤어 나오지 못하게 하는, 사탄이 우리 존재의 총체라고 속이는 이런 약점과 불완전함은 실제로 우리가 싸워야 할 전투의 일부일 뿐이다. 그리고 이 싸움을 통해 오히려 하나님의 영광이 드러나게 된다. 우리를 대적하는 것이 무엇이든 하나님이 우리에게 주신 능력과 권위와는 상대가 되지 않는다. 만만의 군대가 우리와 맞선다 해도 하나님의 승리하시는 능력과 저항할 수 없는 바다 같은 은혜를 증거하게 될 뿐이다.

기도는 우리 눈을 열어 보게 해 준다. 우리의 진짜 신분을 보게 해 주고 우리가 실제로 살아 있으며, 하나님의 자원과 부와 해결책이 우리 것이며, 압도적인 사랑으로 "넉넉히 이기게 하시는" 재원이 있음을 보게 해 준다(롬 8:37).

이것이 진리의 허리띠다.

이제 그 허리띠를 차라.

기도의 요청

모두 함께 둘러 앉아 커피를 마시며 서로에 대한 허심탄회한 대화를 나누고 싶다. 때로 불안의 늪에서 빠져나오려고 얼마나 버둥거리며 고군분투하는지 함께 이야기하고 싶다. 그리고 적이 필사적으로 부각하는 나의 약점이, 그리스도 안에서 지금 소유한 힘과 자원보다 절대로 중요하지 않고 강력하지 않음을 확인하기 위해 얼마나 전략적이며 꾸준하게 기도해야 하는지 이야기하고 싶다.

나의 이런 씨름은 당신과 다르지 않다. 인생의 이런저런 때에 대부분의 모든 사람들이 겪는 어려움을 나도 안고 있다.

적은 너무나 오랫동안 우리가 아무 가망 없고 무능력하며 하찮은 존재라고, 사랑받을 만한 부분이 없고 기대에 전혀 부응하지 못하는 존재라고 끊임없이 속삭였다. 그는 한 번에 한 영혼씩 세뇌시킨다. 그러나 이제 우리는 진실을 안다. 그가 계획한 공격에 맞서 우리가 선한 싸움을 시도할 생각조차 못하게 하려고 거짓말을 해 왔다는 사실을 이제 확실히 알고 있다. 이제 더 이상 통하지 않는다. 우리는 그의 거짓말을 모조리 다 밝히고 있다. 6일이라는 비통한 슬픔의 시간이 지난 후에 사랑하는 딸이 여전히 살아 있음을 알게 된 그 가족처럼 우리는 그 소식을 듣고 한껏 흥분해서 들뜨지만 동시에 분노한다. 거짓에 속아 왔고 우리 감정이 농락당했다는 사실에 너무나 화가 난다.

이제 그 거룩한 분노를 전투로, 무릎으로, 기도로 표출할 준비가 되었다. 우리는 살아 있고 치유와 온전함으로 가는 길에 있다. 우리 이야기는 아직 끝나지 않았다. 이미 우리는 하늘에 그리스도와 함께 앉아 있다. 적이 절대 대응할 수 없는 무기로 완전 무장하고 있다. 태초의 시간이 시작되기 전부터 하나님의 사랑을 받았고(마 25:34) 하나님의 영원한 성령을 이미 선물로 받았다(고후 1:22). 우리의 가장 수치스러운 죄악도 용서 받았다(롬 4:7-8). 그분이 우리를 위해 그렇게 하셨음을 믿을 수 없다면 자신의 위대한 이름을 위해 그 일을 하셨음을 믿으라(시 79:9).

그분은 하나님이시고 그 사실을 알리기 기뻐하는 분이시다. 이것이 신명기 28장 13절의 "머리가 되고 꼬리가 되지 않게" 하신다는 말이 아닌가? 하나님은 이 실사 드라마의 "꼬리" 즉 악한 마귀를 머리와 꼬리까지 통째로 "불과 유황 못"(계 20:10)에 던져질 운명으로 정해 놓으셨다. 우리가 그 대상이 아니다.

우리가 아니다.

절대로 우리가 아니다.

이제 아래 성경 구절들과 이 장의 다른 구절들을 이용해 기도 전략을 세우고 매일 이 진리를 스스로에게 각인시키라.

"긍휼이 풍성하신 하나님이 우리를 사랑하신 그 큰 사랑을 인하여 허물로 죽은 우리를 그리스도와 함께 살리셨고 (너희는 은혜로 구원을 받은 것이라) 또 함께 일으키사 그리스도 예수 안에서 함께 하늘에 앉히시니"(엡 2:4-6).

"수 놓은 옷을 입히고 물돼지 가죽신을 신기고 가는 베로 두르고 모시로 덧입히고 패물을 채우고 팔고리를 손목에 끼우고 목걸이를 목에 걸고 코고리를 코에 달고 귀고리를 귀에 달고 화려한 왕관을 머리에 씌웠나니 … 극히 곱고 형통하여 왕후의 지위에 올랐느니라"(겔 16:10-13).

"영접하는 자 곧 그 이름을 믿는 자들에게는 하나님의 자녀가 되는 권세를 주셨으니 이는 혈통으로나 육정으로나 사람의 뜻으로 나지 아니하고 오직 하나님께로부터 난 자들이니라"(요 1:12-13).

"우리는 그가 만드신 바라 그리스도 예수 안에서 선한 일을 위하여 지으심을 받은 자니 이 일은 하나님이 전에 예비하사 우리로 그 가운데서 행하게 하려 하심이니라"(엡 2:10).

"너희는 다시 무서워하는 종의 영을 받지 아니하고 양자의 영을 받았으므로 우리가 아빠 아버지라고 부르짖느니라 성령이 친히 우리의 영과 더불어 우리가 하나님의 자녀인 것을 증언하시나니 자녀이면 또한 상속자 곧 하나님의 상속자요 그리스도와 함께 한 상속자니 우리가 그와 함께 영광을 받기 위하여 고난도 함께 받아야 할 것이니라"(롬 8:15-17).

"의를 따르며 여호와를 찾아 구하는 너희는 내게 들을지어다 너희를 떠낸 반석과 너희를 파낸 우묵한 구덩이를 생각하여 보라"(사 51:1).

"여호와께서 너희를 택하시고 너희를 쇠 풀무불 곧 애굽에서 인도하여 내사 자기 기업의 백성을 삼으신 것이 오늘과 같아도"(신 4:20).

"내가 너를 내 손바닥에 새겼고 너의 성벽이 항상 내 앞에 있나니"(사 49:16).

"어두운 데에 빛이 비치라 말씀하셨던 그 하나님께서 예수 그리스도의 얼굴에 있는 하나님의 영광을 아는 빛을 우리 마음에 비추셨느니라 우리가 이 보배를 질그릇에 가졌으니 이는 심히 큰 능력은 하나님께 있고 우리에게 있지 아니함을 알게 하려 함이라"(고후 4:6-7).

"너희는 택하신 족속이요 왕 같은 제사장들이요 거룩한 나라요 그의 소유가 된 백성이니 이는 너희를 어두운 데서 불러 내어 그의 기이한 빛에 들어가게 하신 이의 아름다운 덕을 선포하게 하려 하심이라"(벧전 2:9).

"능히 너희를 보호하사 거침이 없게 하시고 너희로 그 영광 앞에 흠이 없이 기쁨으로 서게 하실 이 곧 우리 구주 홀로 하나이신 하나님께 우리 주 예수 그리스도로 말미암아 영광과 위엄과 권력과 권세가 영원 전부터 이제와 영원토록 있을지어다 아멘"(유 1:24-25).

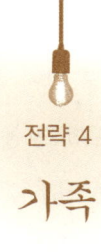

전략 4

가족

—

사랑하는 이들의 삶에 기도로 보호막을 두르라

—

내가 적이라면 당신의 가정을 무너뜨리고 가족들의 삶을 파괴하는 데 주력할 것이다. 가족 간의 신뢰와 화합을 망가뜨리고 모두 자신만을 사랑하는 데 급급하도록 만들 것이다. 가족이 본연의 기능을 상실하도록 할 것이다. 그러면 사람들이 그리스도인이라는 당신의 결혼 생활과 자녀들에게서 다른 사람들과 조금도 나은 점이 없음을 보고, 세상과 다를 바가 없다고 생각할 것이다. 이렇게 해서 하나님은 실제로 아무 변화를 일으킬 수 없는 분이라는 인식을 심어 줄 것이다.

결혼한 지 2년쯤 되었을 무렵, 남편 제리와 나의 관계는 최악으로 치달았다. 이 점은 우리 두 사람 다 기꺼이 인정하는 부분이다. 이른 아침부터 다툴 때도 적지 않았고 괴로운 냉전 상태가 길어질 때도 있었다. 우리 두 사람은 너무 젊은 데다 경험을 공유하는 부분은 너무나도 적어서 적과 싸울 탄약도 비축되어 있지 않았다. 그러나 전투에 사용할 무기는 여전히 많아 보였다. 그리고 실제로 우리는 전투를 했다. 서로에 대해서 말이다. 시도 때도 없이 싸움이 벌어졌다.

그러나 다행히 힘들지만 우리는 그 시기를 헤쳐 나왔다. 일단 관계가 안정되자 우리가 견뎌 온 어려운 시간들은 오히려 성숙을 돕는 자양분이 되는 것 같았다. 우리 관계는 더 친숙해지고 더 헌신적이 되었고 더 온전해졌다. 14년이 흐르는 동안 세 아이가 생기면서 우리는 다섯 명으로 어엿한 가정을 이루었고 더할 나위 없이 행복한 가정 생활을 해 나가는 듯했다. 물론 여느 가정처럼 여전히 해결할 문제들이 있었다. 그러나 대부분의 경우 가족 간의 사랑과 형제들의 우애는 두터웠고 우리는 행복했다.

그러다가 작년, 생각하지도 못한 일이 시작되었다.

가족들의 축복 속에 기독교 계열의 메이저 영화사에서 일하게 되었다. 그런 제안을 받았다는 사실에 나 스스로도 놀랐다. 내게 연기를 제안한 것도, 내가 그 제안을 기꺼이 받아들인 점도 뜻밖이었다. 하지만 더 놀라운 점은 감독들이 나의 연기를 본 후에도 여전히 배역을 맡기려 한다는 사실이었다. 그 일로 나는 그동안 너무나 오랫동안 몸담았던 익숙하고 안락한 안전 지대에서 멀리 벗어나야 했다. 지금쯤이면 알게 되었을지 모르지만, 이 영화의 주제는 '기도'다. 전략적인 기도의 능력, 하나님이 자기 백성들 속에서 촉진시키시는 기도의 능력, 구체적으로는 파멸의 벼랑에서 떨어지기 직전인 가정을 구출해 낼 수 있는 기도의 능력을 주제로 한 영화다.

그 영화 관계자들은 본격적으로 촬영에 들어가기에 앞서 장문의 메일을 보내 영화 촬영에 도움이 될 내용을 세세히 알려 주었다. 그 중에는 유념해야 할 경고 사항도 있었다. 그들은 영화에 참여한 사람들을 노리는 사탄의 집요한 공작을 경계해야 함을 강조했고, 그 영화의 메시지와 관련해 그들의 사생활이 어떤 식으로 공격받았는지 알려 주었다. 이 특별한 프로젝트의 주제가 기도와 가정이기 때문에 그들은 가족을 위해 깨어서 기도하고 적이 우리를 공격하려고 가다듬었을 모든 공작에 맞서 기도하도록 권면했다.

곧 여름이 왔다. 우리는 짐을 꾸려 다른 주로 이동했고 두 달에 걸친 영화 촬영 작업이 시작되었다. 이런 경험은 난생 처음이었다. 연기와 감독과 영화 제작에 관한 한 나는 문외한이었다. 그러나 사전에 경고를 받았음에도 현장 촬영이 시작된 그 여름에 우리 가정이 어떤 실제적인 영향을 받을지 당시에는 제대로 실감하지 못하고 있었다. 우리는 새로운 경험 앞에 마냥 들떠 있었고 그로 인한 멋진 모험을 즐길 뿐, 모두가 받게 될 특별한 스트레스에 대해서는 진지하게 고민하지 않았다. 그것은 평상시 생활 리듬을 벗어나 모든 환경이 바뀐 채 집에서 떨어져 생활해야 하는 것이었다. 우리는 곧 사소한 일에도 오해를 하고 서로 다투었다. 쉽게 흥분하고 화를 냈다. 영화 촬영이 막바지 단계로 들어설 즈음 우리는 육체적으로뿐 아니라 서로와의 관계로 인해 완전히 지쳐 있었다.

여기서 잠깐 짚고 넘어가자. 그 당시 우리 가족에게 벌어진 일과 우리가 참여한 영화가 전달하려고 하는 메시지가 얼마나 극과 극이었는지 생각해 보자. 적의 작전이 통했음을 알 수 있지 않은가? 당연히 그는 배경의 소음을 최대한 크게 해서 온 세계 청중들에게 하나님의 진리를 표현하고자 하는 일을 뒤엉키게 만들고 싶었을 것이다. 당연하겠지만, 가능하다면 그 일에 참여한 사람들의 관계를 무너뜨려 이 중요한 메시지를 희석하고 싶었을 것이다. 우리가 누누이 경고받은 그대로였다.

그래서 우리는 이 갈등의 배후가 누구인지 알고 나서는 서로 싸우는 일을 중단하기로 단호하게 결단하고 포기를 모르는 적과 싸우기로 선택했다. 우리는 우리 가정, 그리고 그 영화와 관련된 모든 이들의 가족들이 이 끝없는 공격을 막아 낼 수 있게 해 달라고 틈나는 대로 기도했다.

너무나 너무나 중요한 일이었다.

그런데 알고 있는가? 모든 일은 언제나 다 중요하다는 사실을. 우리의 결혼 생활과 가족은 정말 중요하다. 누구의 결혼이라도 마찬가지다. 우리 각자는 하나님과 인류의 영원 불변한 사랑 이야기를 홍보하는 광고판과 같다. 우리가 성공하든 실패하든 하나님 보시기에는 모두 매우 중요한 의미가 있으며, 따라서 적의 눈에도 마찬가지다.

그래서 그는 그 관계를 겨냥한다. 아내로서 역할을 표적으로 삼고 남편이나 자녀들에게 공격의 화살을 겨눈다. 불화를 일으키고 긴장을 가져오며, 반목하고 분열하게 해서 평화를 깨뜨린다. 궁극적으로 우리 가정을, 우리 모두의 가정을 무너뜨려 세상에 전하도록 되어 있는 광고판 메시지를 그저 우스꽝스러운 그림으로 만들려 한다.

미혼이라면 이 장은 건너뛰고 다음 장으로 넘어가야 한다고 생각할 수도 있다. 그러나 다시 생각해 보라. 이 주제는 생각하는 것 이상으로 미혼인 당신과도 관련이 있다. 미혼이든 기혼이든 우리는 모두 이 문제의 당사자다. 앞으로 있을 결혼이나 미래의 가정을 위해서도 기도해야 한다.

그래야 하는 이유가 있다. 성경에 따르면 결혼의 가장 중요한 목적은 적극적인 삶의 형태로 복음의 신비를 드러내는 데 있다. 한 남자와 여자가 맺는 특별하면서도 전통적인 동반자 관계도 중요하고 자녀를 낳아 기르는 일도 중요하며, 소녀들이 꿈꾸는 백마 탄 왕자님의 동화 같은 이야기도 의미 있지만 모두 부차적인 문제다.

사랑하고 존경하는 드와이트 펜티코스트 박사님이 타자기로 써서 보내 주신 편지에서 나와 제리에게 하신 말씀도 이런 내용을 담고 있었다. 나는 그 편지를 결혼의 추억을 담은 보관함에다 여전히 보물처럼 간직하고 있다. 박사님은 이렇게 쓰셨다. "굳이 말하지 않아도 알겠지만 결혼 제도는 하나님이 정하신 것이고 신자와 하나님 자신과의 관계에 대해 세상에 실물 교육을 하는 데 그 목적이 있습니다. 두 사람은 각기 삶으로 이 교훈을 알리는 중요한 역할을 해야 합니다."

남자는 신부가 될 여자를 만나 사랑하고 언약을 맺으며 신부에게 자신의 전부를 바친다. 여자는 그 사랑을 받아들이고 자신을 내어 주며 그와 언약 관계를 맺고 한 몸을 이룸으로써 반응한다. 우리가 지상에서 최고의 결혼 생활을 영위한다 하더라도 여전히 타락하고 상처 입은 두 사람이 나누는 관계이기에 하나님과의 관계를 완벽하게 재현하기란 어렵다. 그러나 본질적으로 남편과 아내라는 이 중요한 인간관계는 교회를 향한 그리스도의 사랑을 다른 사람들에게 전하는 산 증인이 됨을 의미한다(엡 5:22-33).

결혼은 모든 면에서 분리되어 있던 두 사람이 사랑을 찾아 상대를 발견하고 하나가 되어 감을 상징한다. 하나님이 손을 내밀어 우리를 찾아내고 언약을 맺으시며 사랑하셨고, 우리의 됨됨이나 흉한 모습에도 여전히 사랑을 거두지 않으시는 것과 흡사하다. 적은 그 무엇보다 바로 이 형상을 훼손하고 싶어한다.

성경에서 남편들에게 아내를 사랑하고 이끌어 주라고 가르치며, 심지어 우리 아내들이 남편에게 복종하도록 권면할 때도 이런 고귀한 권면의 궁극적인 동기는 단순히 주말에 더 화기애애한 부부 관계를 나누도록 하는 데 있지 않다. 우리 가정이 우리와 하나님의 관계와 그 질서를 땅에서 반영하는 데 있다. 남편들은 "아내 사랑하기를 그리스도께서 교회를 사랑하시고 그 교회를 위하여 자신을 주심 같이"(엡 5:25) 해야 한다. 아내들은 "교회가 그리스도에게 하듯"(24절) 남편에게 복종해야 한다.

다시 말하지만 모든 관계가 다 중요하다. 우리가 생각하는 것 이상으로 훨씬 더 중요하다.

그러므로 우리가 가정에서 압박과 긴장, 갈등과 불화를 겪기 시작할 때, 사소한 시빗거리들이 모여 심각한 문제로 번지기 시작할 때, 트집이 언쟁이 되고 언쟁이 갈등으로 폭발하고 감정 폭발이 무례하고 야비한 불친절과 원한으로 나타날 때, 원한이 들끓어 침묵과 외면으로 이어질 때 그 모든 것이 단지 남편이 형편없는 사람이라서 벌어지는 일인가? 남편이 잘못 행동해서 인가? 아니면 과민하게 반응하고 격전을 벌여 간신히 주도권을 잡았다며 포기하지 못하는 나 자신 때문인가? 그것도 아니면 자녀가 부모를 외면하거나 반항해서인가? 아니면 가족 모두 각자 방에 틀어박혀 서로 모른 체하며 나뉘어져 있기 때문인가?

그렇지 않다. 모두 외부의 적이 남긴 흔적이다. 그는 가족 주변을 맴돌지만 가족의 구성원이 아니다. 우리 결혼 생활이 파탄에 이르기를 학수고대한다. 가정이 싸움터가 되기를 바란다. 가족 모두가 서로에게서 주고받아야 마땅한 무조건적인 사랑과 용납을 갈구하며 유혹에 취약한 상태에서 매일 집 밖으로 떠돌도록 만드느라 혈안이 되어 있다.

그러나 우리가 좌절할 때 그가 타격을 받는가? 차를 몰고 가다가 다음에 벌어질 언쟁에서 던질 말을 연습이라도 하듯이 차창 밖으로 입에 침을 튀기며 욕설을 퍼붓는 대상이 그인가? 실상은 우리 적인 사탄이 우리 눈을 속이며 유인책으로 우리를 기만하여 모든 분노를 엉뚱하게 남편이나 자녀에게 쏟아붓도록 작업한다는 것이다.

그는 우리가 의욕이 고갈된 채 비참한 신세로 전락하기를 원하고 아무 기쁨도 없이 패배자처럼 살기를 원한다. 복음에서 그리는 그림, 당신이 결혼 생활과 가족이라고 부르는 그 그림이

훼손되기를 바란다. 갈기갈기 찢어지고 실패의 구렁텅이에서 더럽혀지기를 바라며, 입안에 든 먹잇감처럼 되기를 원한다. 서로 신뢰를 저버리고 모두가 반목하고 갈등하기를 원한다. 아버지께서 우리의 하나 됨을 간절히 바라시고 일구어 가시는 만큼 우리 적은 분열을 좋아하고 작전을 실행한다. 불화하는 곳마다 그가 있다. 유감스럽게도 우리 대부분이 경험으로 알고 있듯이 가족에게 받은 상처는 우리 존재의 핵심에 회복하기 어려울 정도로 심각한 고통을 가져온다.

적은 이런 전쟁에서 승리의 전리품을 챙기려 한다.

그러나 그가 미처 예상하지 못한 부분이 있다. '기도'라는 작전을 펼칠 만반의 준비가 된 여성 말이다. 결혼 관계를 위해, 남편, 자녀들을 위해, 다시 말해 가족 모두를 위해 기도하려는 여성이다.

그렇다. 바로 그거다. 가족 문제를 정면으로 다루어 보자. 구체적으로 다루어 보자. 가족 간에 갈등과 불만이 생기는 진짜 이유와 충족되지 못한 필요의 원인을 찾아보고 꾸준한 기도라는 처방으로 적의 파괴 작전에 우리가 어떻게 맞서는지 보여 주자.

결혼 생활이 문제인가? 그렇다면 부부 관계에서 스스로가 성령의 자리에 서서 남편을 들쑤시고 자극하는 책임자라도 된 양 구는 것부터 멈춰야 한다. 계속 그렇게 굴다가는 남편도 결국 당신을 똑같이 대하게 된다. 결혼 초기 몇 년 동안 나는 아내로서 가장 중요한 은사가 남편을 바꾸는 데 있다고, 예수님의 이름으로 철석같이 믿었다! 거의 20년이 지나서야 내 생각이 틀렸음을 깨닫기 시작했다. 결국 밝혀졌듯이, 남편을 바꾸는 일은 내게 주신 영적인 은사가 아니었다. 고린도전서 12장 혹은 하나님의 성령이 주시는 은사를 소개한 성경 어디에도 '남편을 바꾸는 것'이 아내의 은사라고 쓴 부분은 없다. 심지어 각주에서도 찾아보기 어렵다. 영적인 은사 목록에 이 부분이 생략되어 있어서 이런 사실을 몰랐다 하더라도, 고통스러운 경험을 통해 성령이 우리보다 이 일을 훨씬 더 잘 하실 수 있음을 직접 확인하지 않았는가?

우리가 할 일은 남편을 바꾸는 것이 아니라 그를 존경하고 그 나머지는 다 주님이 하시도록 맡겨 드리는 것이다. 이렇게 한다고 다 잡은 고기를 놓아주는 것처럼 허탈해 할 필요는 없다. 단지 남편을 하나님께 맡겨 드리는 것이기 때문이다. 또한 그렇게 하다 보면 다른 중요한 사실을 알아 가게 된다. 변화되어야 할 필요가 있는 사람은 남편만이 아니라는 사실이다. 실제로 가장 변화되어야 할 사람은 그가 아닐 수도 있다. 적어도 우리 집에서는 그렇다. 남편을 위해 기도하면 할수록 성령은 우리 마음과 행동에 노력이 필요한 부분을 집중적으로 밝혀 주실 것이다.

부부 관계에서 효과적으로 싸울 유일한 방법은 기도하는 것이다. 우리가 처한 상황 속에서 어떤 일을 당하든 그 이면의 참된 진실을 알 수 있는 길은 기도다. 교착 상태에 빠져 한 발자국도 움직이지 못하거나 완전히 탈선해 버린 바퀴를 다시 움직이게 하는 것도 기도다. 기도로 진짜 문제를 분리해서 보게 된다. 기도로 그 문제들을 딛고 일어서서 근본 원인을 공격하게 된다. 진짜 적을 분리하는 방법도 기도이고 남편에게서 감시의 눈을 거두어 들이고 적을 주시하고 추적하게 하는 것도 기도다.

또한 기도하면, 심지어 남편 때문에 기도하는 중일 때라도 하나님이 우리를 먼저 건드리시고 현재 남편에게 가장 필요한 것이 무엇인지 보게 해 주신다. 계속 잔소리를 하고 자극함으로써 도리어 남편의 마음을 격동시키고 상황을 악화시키는 아내가 아니라 그 남편이 안착하기에 따뜻하고 안전한 곳이 되는 아내가 필요함을 알려 주신다.

그러므로 지금 가정 안팎으로 불평할 일이나 속상할 일 없이 평온한 일상을 영위한다 해도 적은 엄연히 살아 있다는 사실을 기억해야 한다. 전면 공격을 준비 중일 수도 있고 호시탐탐 다음 기회를 노리며 잠복 중일 수도 있다. 그러니 기도하라. 간절히 기도하라.

자녀들이 문제인가? 성경은 우리 자녀들이 "장사의 수중의 화살"과 같다고 말한다(시 127:4). 우리는 자녀들을 키워 화살을 날리듯 문화 속으로, 그리스도의 형상을 지니고 세상 속으로 내보내야 한다. 남편과 마찬가지로 적은 아이들도 노린다. 적은 세상에서 기독교적인 용맹과 덕성이 흔적도 남지 않고 사라지기를 원한다. 대학생이 된 아이들은 믿음을 굳게 붙잡고 대학 친구들에게 영향력을 미칠 수도 있다. 졸업 후에는 교회를 섬기거나 기독교적인 경영 원리로 기업체를 섬길 수도 있고, 그리스도를 높이고 수많은 사람들에게 헌신하는 선교와 사역의 기회를 얻을 수도 있다. 그렇지 않더라도 결혼을 해서 완전히 다른 세대의 어린 그리스도의 제자들을 길러내고, 살아 생전은 물론이며 그 이후에도 적의 레이더에 비상이 걸릴 정도로 경건한 가족을 이루고 흔들림 없이 미래로 이어질 믿음의 유산을 만들어 낼 수도 있다.

적은 절대로 그런 사태를 두고 볼 수 없다.

그러니 그가 자녀들을 뒤쫓기 시작할 때 놀라지 마라. 고집불통이거나 또래 친구들에게 끌려다니거나 게으르거나 부주의하다고 자녀를 탓하지 말라. 사탄은 자녀들의 성격상 장점이든 단점이든, 그들의 성장과 잠재력과 자신감을 방해하려면 어디로 틈을 비집고 들어가야 하는지 알고 있다.

우리 아들들 중에 어릴 때부터 걱정이 많고 무서움을 잘 타는 아이가 있다. 이 아이는 갓난아기 때부터 외부 자극에 이런 식의 뚜렷한 정서 반응을 보였다. 이 사실을 알고 나는 아이를 위해 매우 구체적으로 기도하기 시작했다. 심지어 갓난아이를 앞에 두고 소리 내어 기도한 적도 있었다. 성령께서 아이 안에 용기를 불어넣으시고 이 민감한 영역에서 아들을 해치려고 하는 적의 공격에 맞서 보호막이 되어 주시도록 꾸준히 기도했다.

삼사 년 전, 아이는 밤마다 방에서 사람 모양을 한 형체가 보인다고 말했다. 물론 실제로 그 방에 사람이 침입한 흔적은 없었다. 바깥 문과 창이 모두 닫혀 있어서 누구도 그 방 안으로 들어올 수 없었다. 나는 아무 일도 아닌 양 무시하며 아이에게 아무 걱정하지 말고 자러 가라고 말해 주고 싶었다. 하지만 아이는 이 '사람'이 어떻게 생겼는지 놀라우리만큼 상세히 이야기했고 침대의 어느 위치에 그가 서 있었는지, 방에서 그의 존재를 감지했을 때 얼마나 무서웠는지 말해 주었다. 무거운 담요에 짓눌린 것처럼 숨이 막혀 질식할 것 같았다고 했다.

단순히 아이가 예민한 탓이라고 넘길 수 없었다. 나는 아이를 위해 훨씬 더 구체적으로 기도하기 시작했다. 아이가 집에 없을 때는 방을 바라보며 기도했고 예수님의 이름으로 이 두려움의 영이 아이를 떠나도록 명령했다. 특별히 이 문제가 절정에

다다른 듯한 날에 나는 로켓처럼 빠르게 아이의 침실로 뛰어들어 갔다. 바닥을 천천히 밟으며 성경 말씀을 인용하고 벽에 성경 구절을 붙이고 문 입구와 창틀에 손을 얹고 기도했다.

그리고 정말 거짓말처럼 아이는 그 이후로 두 번 다시 그 형체에 대해 말하지 않았다. 내가 아는 한 그 정도 혹은 그와 동일한 방법으로 괴롭힘을 당한 적은 없었다.

적이 아이들을 마음대로 짓밟게 두어야 할까? 절대 그럴 수 없다. 당신도 사탄이 아이들에게 그런 짓을 한다면 절대로 두고 보지 않을 것이다.

다시 말하지만, 당신의 아이들을 뒤쫓는 적이 분명히 있다. 사실이다. 그러나 정말 중요한 것은 그 문제를 처리해야 한다는 사실이다. 기도의 골방 속에 깊숙이 틀어박혀 부모로서 사용할 수 있는 모든 무기를 들고 반격을 가하고 맞서 싸워야 한다.

다른 가족과 문제가 있는가? 지금 말하는 가족 문제는 남편이나 자녀들이 아니라 대가족 중에 그리스도를 모르는 이들과 관련이 있다. 이들은 자신에게 향하는 적의 예리한 공격을 감지하거나 당신에 대한 적의 계략에 고의적이든 그렇지 않든 편승할 수도 있다. 당신은 그들의 딸이나 여동생일 수도 있고 사촌이나 며느리일 수도 있다. 이런 류의 갈등은 관련된 사람들의 수만큼이나 그 형태도 다양하다. 그러나 사탄은 교회에서 갈등을 일으키는 데 몰두하듯이 가족 관계에도 문제가 일어나도록 부추긴다. 이런 문제가 복음 전파를 가로막고 우리 의욕을 꺾고, 시간을 허비하며 관계를 무너뜨리는 주범임을 안다. 가정이라는 좁은 공간에서 아무 배려 없이 상대방에게 상처를 주고 방해하는 것이야말로 그가 가장 원하는 효율적인 구조다. 어떤 상황보다 바로 이 지점, 이런 관계 속에서 우리를 공격함으로써 그는 적은 노력으로 더 강력한 손해를 입힐 수 있다. 그러나 우리가 현명하다면 그가 있는 위치를 이용해 그를 공격할 수 있고, 서로의 피부가 맞닿을 정도로 가까운 곳에서 효과적인 기도를 드릴 수 있다. 그럴 경우 하나님의 성령이 이 상황들과 우리 안에서 역사하시므로 나머지 가족들은 이 모든 일이 이루어지는 모습을 실시간으로 보고, 우리 기도로 이룰 수 있는 변화와 영향을 직접 확인할 수 있을 정도로 하나 됨을 경험할 것이다.

당신이 미혼인 경우라 해도 이 장이 자신과 무관하다고 생각할 필요가 없다. 현명한 사람이라면 확실한 관련성이 있다는 사실을 눈치챘을 것이다. 짝을 위한 기도는 혼인 예식을 하기 전부터 시작해야 한다. 지금 첫 데이트를 하기 전에, 심지어 그의 이름을 알기 전에 시작해야 한다. 하나님이 미래에 남편으로 주실 이를 위해서 기도하라. 그리스도를 향한 사랑이 그의 가슴에 불타오르고 당신을 제대로 이끌어 주며 결혼 생활을 소중한 우선순위로 삼고자 하는 마음이 샘솟게 해 달라고 기도하라. 친구들과 그의 관계를 보호해 주시고, 바로 지금 그가 선택하고 있을 길에 영향을 미칠 사람들을 보호해 주시도록 기도하라. 신실한 믿음으로 그의 열정이 갈무리되고 순결을 지키고자 헌신하며 실천하는 사람이 되게 하시도록 기도하라. 또한 하나님의 완벽한 계획과 시간 속에서 두 사람이 만날 수 있게 환경을 이끌어 주시도록 기도하라.

아직 자녀가 없다면 조카들이나 이웃의 어린아이들과 하나님이 특별히 관심을 갖게 하시는 이들을 위해 기도하라. 물론 어떤 수단을 사용하실지 모르지만, 하나님이 이끌어 주시고 맡겨 주실 아이를 위해 기도해도 좋다. 20대 중반에 자녀를 위해 매달 100달러를 저축하기 시작한 남성이 있다. 그는 30대 초반이 되어서도 결혼하지 않았다. 그는 미래에 태어날 자녀를 위해 미리 안전망을 준비하고 있었다. 영적인 영역에서 기도로 동일한 일을 할 수 있다. 자녀가 아직 태중에 생기기 전에 영적으로 안전한 환경이 준비되고 가족의 유업이 일어나도록 할 수 있다. 자녀들이 첫 숨을 몰아쉬기 전에 당신이 손으로 직접 써 두었던 열정적인 기도문을, 나중에 그들이 자라서 보게 된다면 얼마나 멋진 선물이 될까?

가정은 지상에서 하나님의 뜻을 이루기 위해 꼭 필요한 중심축이다. 그리고 각 가정은 개인이 영향을 미치는 핵심 공간으로서 하나님은 우리가 지금 살고 있는 이 공간을 사역의 주요한 요소로 보고 계신다. 우리가 하나님과 온전히 협력하며 가족과 각 사람이 이 기회에 온전히 부응하기 위해서는 끊임없이 가족들에게 잔소리를 해 대거나 얼굴을 붉히기보다 무릎을 꿇어야 한다.

공격 포지션을 새롭게 선택해야 한다.

기도의 요청

어떤 이유 때문에 지금까지 이 책을 대충 읽었거나 혹은 책 뒤편으로 가서 당신의 열정과 관심사와 정체성에 대한 사탄의 공격에 맞서 기도할 스스로의 전략을 작성하는 데 미온적이었을 수 있다. 그렇다면 이제 여기서 시간을 투자해서 단순히 읽기 시작한 책을 마저 읽는 수준에서 나아가, 가족에 대해 구체적이고 전략적이며 개인에게 맞춰진 기도 방식을 짜는 데 집중하는 시간을 갖기 바란다. 일일이 가족의 이름을 적어 가며 기도 전략을 짜야 한다. 너무나 중요한 문제가 걸린 일이기에 소홀히 해서는 안 된다.

그리스도인이라면 누구나 가족들의 이름을 돌아가며 언급

하는 식으로 기도한 적이 있을 것이다. 주님, 남편을 축복해 주세요. 주님, 아이들에게 은혜를 베풀어 주세요. 삼촌과 숙모와 함께해 주세요. 아빠의 무릎 관절이 치료되게 해 주세요. 구직 중인 동생과 함께해 주세요. 너무나 간단하고 쉽다. 완전히 무관심한 수준보다는 낫지만, 그들의 장래나 필요를 공급받는 것이나 구원 문제에 대해 하나님과 적극적으로 협력하며 전면적인 노력을 하고 있다는 만족할 만한 확신은 들지 않을 것이다.

사도 요한은 "네 영혼이 잘됨 같이 네가 범사에 잘되고 강건하기를 내가 간구하노라"(요삼 2절)라고 썼다. 다윗은 이렇게 고백했다. "네 마음의 소원대로 허락하시고 네 모든 계획을 이루어 주시기를 원하노라"(시 20:4). 성경은 우리의 가정 생활, 구체적인 필요, 딜레마라는 상황과 직접적으로 관련된 영원한 진리들로 가득하다.

아내가 남편을 어떻게 대하고 축복하며 생각하고 반응해야 하는지와 관련된 구절과 조언도 있다.

> "사랑은 오래 참고 사랑은 온유하며 시기하지 아니하며 사랑은 자랑하지 아니하며 교만하지 아니하며 무례히 행하지 아니하며 자기의 유익을 구하지 아니하며 성내지 아니하며 악한 것을 생각하지 아니하며 불의를 기뻐하지 아니하며 진

리와 함께 기뻐하고 모든 것을 참으며 모든 것을 믿으며 모든 것을 바라며 모든 것을 견디느니라"(고전 13:4-7).

"그들로 젊은 여자들을 교훈하되 그 남편과 자녀를 사랑하며 신중하며 순전하며 집안 일을 하며 선하며 자기 남편에게 복종하게 하라 이는 하나님의 말씀이 비방을 받지 않게 하려 함이라"(딛 2:4-5).

"아내들아 이와 같이 자기 남편에게 순종하라 이는 혹 말씀을 순종하지 않는 자라도 말로 말미암지 않고 그 아내의 행실로 말미암아 구원을 받게 하려 함이니 너희의 두려워하며 정결한 행실을 봄이라"(벧전 3:1-2).

"아내 된 자여 네가 남편을 구원할는지 어찌 알 수 있으며"(고전 7:16).

"그런 자의 남편의 마음은 그를 믿나니 산업이 핍절하지 아니하겠으며"(잠 31:11).

특별히 잠언에는 아내에게 신의를 지키는 남편의 복, 지혜를 향한 탐구, 가족에 대한 남편의 리더십, 남편이 맡은 책무를 의탁할 때 형통한 복을 주시려는 하나님의 열망을 담은 구절들이 있다. 남편에게 이런 복을 주시도록 기도하라.

"너의 행사를 여호와께 맡기라 그리하면 네가 경영하는 것이 이루어지리라"(잠 16:3).

"사람의 행위가 여호와를 기쁘시게 하면 그 사람의 원수라도 그와 더불어 화목하게 하시느니라"(잠 16:7).

"지혜를 버리지 말라 그가 너를 보호하리라 그를 사랑하라 그가 너를 지키리라 지혜가 제일이니 지혜를 얻으라 네가 얻은 모든 것을 가지고 명철을 얻을지니라 그를 높이라 그리하면 그가 너를 높이 들리라 만일 그를 품으면 그가 너를 영화롭게 하리라"(잠 4:6-8).

"네 눈은 바로 보며 네 눈꺼풀은 네 앞을 곧게 살펴 네 발이 행할 길을 평탄하게 하며 네 모든 길을 든든히 하라"(잠 4:25-26).

"지혜가 또 너를 음녀에게서, 말로 호리는 이방 계집에게서 구원하리니"(잠 2:16).

"너는 갑작스러운 두려움도 악인에게 닥치는 멸망도 두려워하지 말라 대저 여호와는 네가 의지할 이시니라 네 발을 지켜 걸리지 않게 하시리라"(잠 3:25-26).

"너는 마음을 다하여 여호와를 신뢰하고 네 명철을 의지하지 말라 너는 범사에 그를 인정하라 그리하면 네 길을 지도하시리라"(잠 3:5-6).

어머니로서, 부모로서 자녀들을 주님께 맡기고 그들의 보호를 하나님의 손에 의탁하라고 권면하는 구절들도 있다. 그 말씀대로 자녀들을 위해 기도하라.

"여호와를 경외하는 자에게는 견고한 의뢰가 있나니 그 자녀들에게 피난처가 있으리라"(잠 14:26).

"보라 나와 및 여호와께서 내게 주신 자녀들이 이스라엘 중에 징조와 예표가 되었나니 이는 시온 산에 계신 만군의 여호와께로 말미암은 것이니라"(사 8:18).

"이는 그들로 후대 곧 태어날 자손에게 이를 알게 하고 그들은 일어나 그들의 자손에게 일러서 그들로 그들의 소망을 하나님께 두며 하나님께서 행하신 일을 잊지 아니하고 오직 그의 계명을 지켜서 그들의 조상들 곧 완고하고 패역하여 그들의 마음이 정직하지 못하며 그 심령이 하나님께 충성하지 아니하는 세대와 같이 되지 아니하게 하려 하심이로다"(시 78:6-8).

"내가 내 자녀들이 진리 안에서 행한다 함을 듣는 것보다 더 기쁜 일이 없도다"(요삼 1:4).

사람들과의 관계에서 자신을 절제하며 하나님의 권위를 신뢰하고, 전처럼 낡은 무기를 가지고 싸우지 말라고 경계하는 구절들도 있다.

"무릇 더러운 말은 너희 입 밖에도 내지 말고 오직 덕을 세우는 데 소용되는 대로 선한 말을 하여 듣는 자들에게 은혜를 끼치게 하라"(엡 4:29).

"너희 말을 항상 은혜 가운데서 소금으로 맛을 냄과 같이 하라 그리하면 각 사람에게 마땅히 대답할 것을 알리라"(골 4:6).

"만물의 마지막이 가까이 왔으니 그러므로 너희는 정신을 차리고 근신하여 기도하라 무엇보다도 뜨겁게 서로 사랑할지니 사랑은 허다한 죄를 덮느니라 서로 대접하기를 원망 없이 하고"(벧전 4:7-9).

"그러므로 우리가 화평의 일과 서로 덕을 세우는 일을 힘쓰나니"(롬 14:19).

"악을 악으로, 욕을 욕으로 갚지 말고 도리어 복을 빌라 이를 위하여 너희가 부르심을 받았으니 이는 복을 이어받게 하려 하심이라"(벧전 3:9).

집과 가정, 결혼 생활과 자녀 관계는 너무나 쉽사리 전쟁터로 변질될 수 있다. 결혼식장에서 결혼 서약을 하고 남편에게 일생을 의탁할 때나 산부인과에서 아이를 안고 집으로 돌아올 때는 생각도 못한 일이었을 것이다. 우리는 가정이나 한 가족을 이루는 사람들 사이에 생기는 모든 불화와 어리석은 선택을 통제하지 못할 수 있다. 그러나 전투에 참여하는 유일한 장소를 은밀한 가운데, 기도로 싸우는 하늘로 한정지을 수는 있다. 우리 가정의 평화를 노리는 적은 우리가 우리 방식을 고수하려 할 때는 두려워하지 않는다. 하지만 아내나 어머니, 딸이나 누이가 변죽만 울리는 것이 아니라 사탄의 작업장으로 난 문 바로 앞에서 자기 자신의 소리를 내기 시작할 때는 위축된다.

간곡히 바라건대, 거실이 아니라 기도의 방으로 싸움을 가져가라. 메모장을 준비해 적이 꼭 들었으면 하는 기도를 적어 보라. 시작할 때 이 장에서 소개한 하나님의 약속과 성경 구절을 도구로 활용하라. 그런 다음 잔소리나 꾸지람으로 집 안에서 존재감을 확인하는 데서 돌이켜 그 목소리로 소리를 내어 하나님께 간구하라. 가족을 위해 전쟁에 나설 준비를 하라. 그리고 이전에 한 번도 보지 못한 변화를 목도할 태세를 갖추라.

전략 5

과거

―

죄책감과 수치심, 후회의 지배에서 벗어나라

―

내가 당신의 적이라면 당신이 과거에 저지른 실수와 어리석은 선택들을 끊임없이 떠올리게 할 것이다. 수치심과 죄책감의 짐에 짓눌린 채 수많은 실패에 무력감을 느끼게 할 것이고, 다시 노력해도 아무 소용 없을 것이라는 체념과 낙담으로 허우적거리기를 바랄 것이다. 그동안 기회가 있었지만 스스로 차 버렸다는 패배감을 심어 주려 할 것이다. 그래서 하나님은 다른 사람은 용서하실 수 있지만 이런 당신은 용서하지 않으시리라는 생각으로 지레 포기하게 만들 것이다.

참 끔찍하다. 그리고 화가 난다.

직접적이고 용납하기 어려운 부당한 공격이다.

이미 용서 받은 과거를 이용해 미래에 구멍을 내는 짓이다.

적이 바로 이런 짓을 하고 있다. 그는 과거 속에서 살기를 너무나 좋아한다.

당신의 과거 속에. 나의 과거 속에.

왜 그러지 않겠는가? 우리 가능성을 해칠 최고의 기회를 바로 여기서 찾을 수 있는데 마다할 이유가 없다.

그는 우리의 과거를 찍은 영상 자료들을 꼼꼼하게 저장해서 그 파일을 패배와 죄와 실패로 얼룩진 시간을 상기시키는 데 사용한다. 내가 그랬듯이 당신도 수백, 수천 번 그 장면들을 보아 왔다. 당신의 삶도 나와 다를 바 없다면, 적이 한 번쯤은 집 안의 방을 모두 영상실로 만들어 오래 전부터 좋아했던 장면들을 트는 모습이 그려진다. 그러면서 굴욕감과 수치심으로 당혹스러워하는 우리를 보며 쾌감을 느낄 것이다.

그런 영상을 보는 일은 고통스럽다. 심지어 재방송이라 해도 마찬가지다. 오히려 재방송일 경우는, 우리를 모독하고 비방해서 용서받지 않았고 용서받을 수 없는 존재라는 자괴감에 더 깊이 빠뜨리겠다는 적의 새로운 각오가 그 안에 담겨 있기에 더욱 고통스럽다. 심지어 그는 그 원인이 우리가 아니라 다른 사람들에게 있고 그들이 더 큰 잘못을 했기에 비난받아야 한다고 손가락질하게 만드는 데 정성을 들인다. 정죄 받는다는 괴로움에 빠뜨리는 작전이 통하지 않으면 그는 우리가 정죄하는 재판관의 자리에 서도록 유도한다. 그러므로 그것은 그가 벌이는 쇼다. 그리고 그 쇼를 보면 매우 우울하다. 그가 즐겨 확인시키듯이 그 쇼를 벌이도록 방대한 자료를 내준 장본인이 바로 우리이기 때문이다.

보다 더 건설적인 상황이라면 우리는 그 일로부터 실제로 뭔가를 배울 수 있다. 실수를 피하기 위해 선택할 수 있었던 또 다른 방법이 보일 수도 있다. 그것을 사람들에게 가르쳐 줄 수도 있다. 언젠가 동일한 선택에 직면할 이들, 가령 자녀들이 더 긍정적인 결과를 얻을 수 있게 다른 결말로 향하도록 도울 수도 있다. 그러나 적의 수중에 들어가면 그것은 되살리고 또 되살리는 공포 영화일 뿐이다. 피해서 도망가야 한다. 결단하지 않으면 끊임없이 두려움과 고통에 시달릴 것이다. 반복되는 악의적인 정죄의 사정권에서 벗어나는 것이 불가능할 것이다. 우리와 하나님이 마침내 그 문제에 대해 완전한 합의를 보았다고 생각할 바로 그때, 언제나 그 장면이 튀어나와 공포로 몰아갈 위험이 늘 도사리고 있다.

그렇게 해서 우리는 확신을 누리며 살지 못하고 오히려 수치심의 무차별 공격에 시달리게 된다. 하나님의 은혜를 누리는 대신 동일한 옛일로 끊임없이 죄책감에 시달리며 무기력감을 느끼게 된다. 성령으로 거듭나는 복을 지속적으로 누리기보다 끊임없는 후회의 악순환에 갇히게 된다.

그러나 기도로, 열정적이고 전략적인 기도로 모든 것을 바꿀 수 있다. 심지어 도무지 바뀌지 않을 것 같았던 일도 바꿀 수 있다. 이미 벌어진 과거처럼 바꿀 수 없는 일도 바꿀 수 있다. 과거에 한 일, 꼭 해야 됨에도 하지 않은 일, 그렇게 해야 했던 이유가 여기에 해당한다. 기도한다고 그 모든 일이 사라지거나 일어나지도 않았던 일처럼 되지는 않는다. 그리고 그 일로 인한 모든 자연적이고 필연적인 결과도 사라지지 않는다. 그러나 하나님은 바다의 파도를 향해 "네가 여기까지 오고 더 넘어가지 못하리니"(욥 38:11)라고 말씀하셨다. 즉 과거를 이용한 사탄의 공격이라는 해수면을 넘어 일어설 수 있도록 우리에게 기도를 주신 것이다.

과거에 텍사스 휴스턴 심장부를 관통하는 주요 도로인 59번 북부 고속도로에서 여러 차례 엉뚱한 길로 빠졌던 경험이 있다. 그 도시에서 대학 생활을 했는데, 수많은 대학생들이 그랬듯 때로 고속도로를 그대로 타고 갔어야 하는 상황에서 엉뚱한 길로 빠져 버렸다. 특히 혼자 차를 몰 경우에는 59번 도로의 출구에서 빠진 적이 많았다. 이 출구는 인생의 가장 후회스러운 선택을 상징적으로 보여 주는 것 같았다. 그 길로 가면 전혀 건강하지도 유익하지도 않은, 무엇보다 가서는 안 되는 곳이 나왔다. 아마 비슷한 경험이 다들 있을 것이다.

대학을 졸업하고 꽤 긴 시간이 흐른 뒤, 강연 약속이 잡혀 있어서 휴스턴으로 가야 할 일이 생겼다. 주말에 나를 초청한 이들이 공항에 태우러 왔다. 나는 뒷좌석에 앉았고 그들은 내가 머무를 호텔로 차를 몰았다. 이 호텔로 가기 위해서는 익숙한 59번 고속도로로 수십 킬로미터를 달려야 했다.

그들은 친절하고 상냥해서 고속도로의 여러 교통 표지판을 빠르게 스쳐 가는 동안에도 계속 즐겁게 수다를 주고받았다. 뒷좌석에 앉은 내 말수가 점차 줄어든다는 사실을 알아차렸는지는 분명하지 않다. 그러나 차창 밖으로 보이는 남은 거리 표지판 숫자는 내게 단순한 숫자가 아니었다. 유죄 선고를 하면서 사탄이 내 머릿속에서 카운트다운을 하는 그 특별한 출구 번호가 점점 가까워지고 있었다. 과거의 수많은 일들이 떠올랐다. 눈물이 맺히기 시작했다. 나는 내면의 오래된 적과 싸우고 있었고 치열한 영적 전쟁이 일어나 사방에서 위협하고 있었다.

그러다가 드디어 보였다. 그 진출 램프가 보였다. 그토록 수없이 지나갔던 그 램프였다. 숨을 쉴 수가 없었다. 심장이 빠르게 뛰기 시작했다. 손바닥은 땀으로 흥건히 젖었다. 그러던 중, 거의 휙 하고 스치는 바람처럼 그 표지판이 시야에서 사라졌다. 그곳을 지나쳤다.

그리고 정확히 바로 그 순간, 아주 또렷하게 들려오는 하나님의 음성을 감지했다. 그 목소리는 이렇게 말씀하셨다. '프리실라, 눈물을 닦아라. 이제 그 길은 지나쳐 왔단다. 그리고 나는 네가 앞으로 갈 다른 길들을 준비해 두었단다. 수치스러운 이 출구를 지나쳐 온 것처럼 이제 너는 그 길에서 겪은 고통도 지나쳐 왔단다. 이제 내가 모든 것을 새롭게 해 줄 거란다.'

모든 것을 새롭게 해 주신다.

나는 몸을 돌려 뒤를 바라보았고 그 출구 간판이 뒤로 저 멀리 아련히 사라지는 것을 지켜보았다.

갑자기 새 친구들의 상냥한 목소리가 나를 흔들어 깨웠다. 아랫입술이 떨릴 정도로 불안해하던 나는 생기를 되찾고 안도감으로 활짝 미소를 지어 보였다. 나는 자세를 바로 하고 난생 처음으로 59번 도로의 그 출구를 지나쳐 뻗어 있는 휴스턴의 모습을 보게 되었다. 전에 한 번도 와 본 적이 없는 길이 펼쳐져 있었다. 그리고 한 번도 경험해 보지 못했던 하나님의 은혜의 한 면을 보았다. 과거는 과거일 뿐이었다. 더 이상 과거가 나를 건드릴 수 없었다. 그리고 그 고속도로에 있는 것처럼 나는 곧 이전에 알지 못했던 새로운 자유와 풍성함을 경험할 곳으로 여행할 예정이었다.

이제 나를 괴롭히던 과거의 기억은 사라졌다. 해방이었다.

우리를 나쁜 여자로 몰아붙이는 적의 정죄는 공소시효처럼 기한이 정해져 있다. 그는 마음껏 고함을 치고 위협할 수 있다. 하지만 우리에게는 귀를 막고 그의 비난을 무시하며 마음에 진정한 용서하심을 품은 채 하나님을 찬양하는 노래를 부를 이유가 있다.

첫째, 하나님은 과거 속에 사는 분이 아니시다. 하나님은 시간 밖에 존재하는 분이시다. 우리를 집요하게 괴롭히고 좌절하게 하는 과거는 그분에게 전혀 과거가 아니다. 우리는 기도로 하나님과 홀로 있게 된다. 믿음을 고백한 그 아름다운 순간부터 늘 한결같은 모습으로 우리를 바라보시는 분과 홀로 대면하게 된다. 그분은 과거나 현재나 미래에도 거룩하고 의로우시며 당신을 꾸짖지 않는 분이시다. 우리 죄를 용서해 주시고 수치를 제거하시며 당신 손으로 이루신 일이 불변하는 사실이라고 선언하는 분이시다. 기도는 사탄의 보잘것없는 정죄와 비난을 완벽히 방어하며 하나님과 함께하는 영원의 세계로 우리를 이끌어 준다. 그곳에서 '과거'는 전혀 문제가 되지 않는다.

둘째, 우리는 오직 은혜로만 살 수 있다. 사탄이 우리 이마에 낙인찍으려 하는 이미 용서 받은 실패들은 더 이상 수치의 이유가 아니라 하나님의 놀라운 은혜를 증거하는 기념물이다. 하나님이 어떻게 우리를 용서하시는지 그것을 바라보기만 해도 알 수 있다. 하나님은 예전의 그 일도, 그 이전의 일도 용서할 수 있으시다. 정말 놀라우신 하나님이 아닌가? 그분은 심지어 바로 조금 전에 지은 죄도 용서할 수 있는 분이시다.

우리 영혼을 구원하심으로써 하나님이 받고 계시고 또한 영원히 받으실 영광은 그분을 위한 우리의 선행 때문이 아니다. 그분의 영광은 순결하고 영적인 열정을 지닌 사람들, 한때 나와 당신, 우리가 했었던 대로 행했던 이들을 완전히 새롭게 창조하심으로써 얻으시는 영광이다.

그러니 악한 원수여, 마음대로 떠들어 보라. 네가 떠드는 만큼 도리어 나를 향한 그리스도의 사랑의 "그 너비와 길이와 높이와 깊이"(엡 3:19)를 만천하에 증거하는 꼴이 될 테니.

사탄은 원한다면 얼마든지 "우리 형제들을 참소하는 자"(계 12:10)로 활약할 수 있다. 하지만 하나님은 십자가 사역으로 그의 모든 고발을 완전히 무효로 만드셨다. 그러므로 그 결과를 뒤집을 방법은 없다.

복음이 이토록 실제적이고 놀라운 이유는 우리 과거를 없애는 것이 아니라 철저하게 해결하기 때문이다. 하나님은 우리 과거를 용서하며 바꾸신다. 엉망인 우리 과거를 거대한 은혜의 산으로 만들어 주신다. 그래서 우리는 그분이 계신 곳으로 더 가까이 올라갈 수 있다. 그러므로 이제 우리 과거는 끝나지 않는 수치와 죄책과 회한의 이유가 되기보다 예배와 거침없는 증언의 이유가 된다.

그리고 쉬지 않고 감사함으로 드리는 진정한 기도의 이유가 된다.

기도의 요청

과거라는 주제를 거론하지만 사실 과거에 당신이 어떤 일을 겪었는지 나는 모른다. 하나님의 사랑과 은혜의 높이와 깊이를 강조한다고(엡 3:16-19) 당신이 과거에 지은 잘못이나 상처를 축소하려는 것은 아니다. 그러나 사탄은 당신의 과거가 다른 사람들보다 더 구제불능이라는 생각을 심으려고 한다. 혹은 당신의 종교적인 배경과 공개적으로 고백한 신앙을 감안하더라도, 과거에 지은 죄로 인해 여전히 그리스도인으로서는 떳떳하게 나설 자격이 없다는 생각을 심으려고 한다.

진실은 이렇다. 우리 중에 그 누구도, 단 한 사람도 과거를 뒤돌아보며 지금이라면 다르게 행동할 거라고 자신할 수 없다. 오늘은 다를 거라 자신한다면 아마 옛일을 망각했기 때문일 것이다. 아무리 최선을 다해도 우리는 사탄이 사용할 수 있도록 새로운 실패라는 먹잇감을 계속해서 던져 주고 있다. 적은 실패의 기억이 과거로 사라지는 즉시 영사기로 처참한 우리 과거를 다시 상영하면서 팝콘을 즐길 것이고 우리가 얼마나 엉망인지 확인하게 할 것이다.

우리는 모두 이 땅을 여행하는 여행객으로 살고 있다. 우리는 아직 완전한 존재가 아니다. 누구나 다 쓰러지고 버둥거리며 살아간다. 피곤함을 느끼거나 영적인 관절이 뻣뻣하게 굳은 것을 보면 자신을 제대로 관리하지 못했다고 말하게 된다. 그러나 기도로 우리는 "아침마다 새로운"(애 3:23) 하나님의 자비로 잠에서 깨어난다. 기도로 우리는 다시 스트레칭을 할 수 있고 다시 유연해지고 느긋해져서 세상을 감당할 준비를 하게 된다. 그리고 기도를 특정 근육, 가령 우리 과거에 대한 그분의 승리를 확신하는 믿음에 적용해 보자. 우리의 온몸과 우리의 온 존재는 새로운 에너지와 적용된 믿음을 통한 혈액 순환의 결과로 생기를 되찾기 시작한다.

그러므로 매일 누리는 자유와 기쁨을 향한 사탄의 기습 공격을 무찌를 전략을 짤 때, 지금까지 사용한 유익한 지침을 다시 생각해 보라.

- 찬양(P) : 우리를 온전히 용서하시고 정결하게 하시며 변화시키신 하나님께 감사를 드리라.
- 회개(R) : 오래된 죄의 습성에서 벗어나지 못하는 어리석음을 깨닫고 성령의 도우심으로 거기서 벗어나라.

- 요청(A) : 자유와 놓임, 거짓을 거부하고 진리를 받아들일 힘을 주시도록 구하라.
- 약속의 확인(Y) : 주님의 부활의 능력으로 새로운 삶을 살 수 있음을 믿으라.

"그런즉 누구든지 그리스도 안에 있으면 새로운 피조물이라 이전 것은 지나갔으니 보라 새 것이 되었도다"(고후 5:17).

"그는 허물과 죄로 죽었던 너희를 살리셨도다 그 때에 너희는 그 가운데서 행하여 이 세상 풍조를 따르고 공중의 권세 잡은 자를 따랐으니 곧 지금 불순종의 아들들 가운데서 역사하는 영이라 전에는 우리도 다 그 가운데서 우리 육체의 욕심을 따라 지내며 육체와 마음의 원하는 것을 하여 다른 이들과 같이 본질상 진노의 자녀이었더니 긍휼이 풍성하신 하나님이 우리를 사랑하신 그 큰 사랑을 인하여 허물로 죽은 우리를 그리스도와 함께 살리셨고 (너희는 은혜로 구원을 받은 것이라)"(엡 2:1-5).

"나 여호와가 이같이 말하노라 … 너희는 이전 일을 기억하지 말며 옛날 일을 생각하지 말라 보라 내가 새 일을 행하리니 이제 나타낼 것이라 너희가 그것을 알지 못하겠느냐 반드시 내가 광야에 길을 사막에 강을 내리니"(사 43:16, 18-19).

"주의 성도들아 여호와를 찬송하며 그의 거룩함을 기억하며 감사하라 그의 노염은 잠깐이요 그의 은총은 평생이로다 저녁에는 울음이 깃들일지라도 아침에는 기쁨이 오리로다"(시 30:4-5).

"피곤한 자에게는 능력을 주시며 무능한 자에게는 힘을 더하시나니 소년이라도 피곤하며 곤비하며 장정이라도 넘어지며 쓰러지되 오직 여호와를 앙망하는 자는 새 힘을 얻으리니 독수리가 날개치며 올라감 같을 것이요 달음박질하여도 곤비하지 아니하겠고 걸어가도 피곤하지 아니하리로다"(사 40:29-31).

"나에게 이르시기를 내 은혜가 네게 족하도다 이는 내 능력이 약한 데서 온전하여짐이라 하신지라 그러므로 도리어 크게 기뻐함으로 나의 여러 약한 것들에 대하여 자랑하리니 이는 그리스도의 능력이 내게 머물게 하려 함이라"(고후 12:9).

"예수 그리스도는 어제나 오늘이나 영원토록 동일하시니라"(히 13:8).

우리를 가두고 정죄하려 하는 그 모든 시도에도 불구하고 과거에는 시효가 있다. 그런데 적은 이 사실을 우리에게 숨기려고 한다. 하지만 우리는 이제 그 사실을 안다. 그러므로 이제 시작이다. 포기하지 말고 계속 가야 한다. 그러면 그는 어두운 데 덩그러니 홀로 앉아 자신이 만든 그 수많은 영상물을 보는 것으로 만족해야 한다. 그리스도 안의 우리 생활은 훨씬 더 흥미진진하고 즐겁기 때문이다.

자유의 길이 우리 앞에 있다.

예수님의 이름으로, 아멘.

전략 6

두려움

—

염려에 맞서 당신의 부르심(Calling)을 선포하라

—

내가 당신의 적이라면 두려움을 증폭시켜 난공불락의 성처럼 보이게 할 것이고, 수많은 염려로 위축되게 만들어 결국 상황을 회피하는 것이 행동의 주된 동기가 되도록 할 것이다. 불안감을 이용해 전투력을 상실하고 무력해지도록 만들어서 매사에 우유부단하고 변화가 없는 안전한 길에 집착하게 만들 것이며, 어떤 일에도 늘 방어적인 자세를 취하게 할 것이다. 그리고 믿음이란 말을 들으면 '불필요한 위험'이란 말만 떠올리도록 만들 것이다.

텍사스 오스틴으로 자동차 여행을 하는 중이었다.

나, 큰언니 크리스털, 그리고 절친인 쇼나가 함께한 즐거운 여행이었다.

언니가 운전대를 잡고 나는 그 옆 조수석에, 쇼나는 뒷좌석에 앉았다. 쇼나는 어떤 일을 결심하고 행동하는 문제와 관련해 그간 해 오던 생각을 이야기했다. 쇼나는 어떤 일을 하려다 중단했는데 다 하지 못해서 기분이 좋지 않다고 했다. 하지만 어쨌든 결국 할 수 없었을 것이기에 기분 따위는 중요하지 않다고 했다. 내 친구는 이런 푸념을 늘어놓고 또 늘어놓았다. 언니와 나는 전방을 주시하면서 커피를 조금씩 마시며 듣고 있었다. 때로는 고개를 끄덕이며 공감을 표시하기도 했고 진지하게 관심을 보이기도 했다. 그토록 행동을 주저하는 진짜 이유가 무엇이냐며 채근했지만 그녀는 우리 말이 들리지 않는 듯 했던 이야기를 반복했다. 자기 생각을 합리화하거나 옹호하기도 했고 말을 돌리기도 했다. 그러다가 정말 예상치 못했던 한 마디가 튀어나왔다. "내가 준비가 안 되어 있으니까!" 화가 나서 내뱉은 이 한 마디에 우리는 뒤통수를 얻어맞은 것 같았다.

길가의 소음과 에어컨의 낮은 웅웅거림이 뒤섞여 들렸다.

"너무 무섭단 말이야!"

여기서 잠시 쇼나에 대해 정확히 소개할 필요가 있다. 쇼나에 대한 정보는 위에서 소개한 내용이 전부이기에 의도치 않게 잘못된 인상을 주었을 수도 있다. 내 친구 쇼나는 20여 년 동안 결혼 생활에 충실한 헌신적인 아내이며 세 자녀의 어머니로서 매우 지적이고 유능한 여성이다. 누구나 부러워할 정도로 능숙하게 가정을 꾸리는 베테랑 주부다. 열정적이며 충직한 신자다. 마라톤에 단골로 출전하는 건강한 여성이기도 하다. 생기발랄하고 유쾌하지만 또한 민감해서 사람들의 깊은 필요와 대답하기 매우 어려운 문제를 보면 통찰력 있는 답을 주기도 한다. 정식 면허가 있는 상담가로서 자기 사무실을 운영하며, 사람들이 온갖 치료와 관리를 받고도 아무 효과를 보지 못할 때 위탁 치료를 의뢰할 정도로 실력이 출중하다. 그 분야에서 최고의 실력자다. 다른 분야도 마찬가지다.

그러나 그날, 주님은 여행을 떠나기 전 몇 개월 동안 쇼나가 일을 정리하고 글을 쓰는 일에 집중하도록 인도하셨음을 분명하면서도 직접적으로 보여 주셨다. 그것은 그동안 그녀가 사람들에게 들려준 빛나는 조언과 사례들을 분류하고, 그 필요를 아는 사람들이 상담과 격려 사역을 확장할 수 있는 자료로 엮는 것이었다. 쇼나의 남편은 "여보, 그냥 밀고 나가요. 재정적인 문제는 걱정하지 말아요. 당신을 믿어요. 당신이 할 수 있다고 믿어요. 이 일에 대해 진심으로 주님의 뜻을 따랐으면 좋겠소. 필요하면 우리도 최선을 다해 돕겠소. 당신을 전심으로 응원하겠소"라고 말했다. 그렇게 해서 그 일이 차근차근 진행되었다. 그녀의 영적인 레이더에 포착된 모든 징후들 역시 이 새로운 방향을 가리키고 있었다.

문제는 한 가지밖에 없었다. 쇼나가 두려워한다는 사실이었다.

쇼나는 석사 학위를 가졌고 자신이 운영하는 사업체가 있으며 대학에서 학생들을 가르치는 교수였다.

그녀처럼 유능한 여성도 두려워할 수 있다.

그리고 이제, 친구들과 주말 여행을 하고 집으로 돌아가는 차 안에서 그녀는 마음의 고민을 털어놓으며 흐르는 눈물을 주체하지 못하고 있었다. 생각처럼 잘 해내지 못한다면 어떻게 될까? 하던 사업을 정리하고 고객 명단을 넘긴 후 책상 앞에 앉았는데 아무런 글도 쓰지 못한다면? 더 최악은 어찌어찌해서 글을 쓴다 해도, 썩 흡족한 글이 나온다 해도 아무도 그 글을 좋아하지 않으면? 혹은 사람들이 마음이 너그러워서 글이 마음에 들지 않는다고 차마 말은 못하지만 그들의 말투에서 내가 비참하게 실패했다는 사실이 느껴진다면? 이 일을 하기 위해 가정의 지출을 줄이다가 아이들이 좋아하는 활동을 포기하게 된다면? 결국 모두 시간과 에너지를 낭비하는 것이었다고 판명이 나면? 그 모든 일이 일종의 자기도취 혹은 나 자신에게 투사한 심리적인 게임에 불과하다면 어떻게 해야 할까?

"난 전혀 준비가 안 됐어. 두렵다고!"

그녀는 코를 훌쩍거리며 울었다. 흘러내리는 눈물을 연신

훔쳤다.

나는 그녀를 위로해주고 싶었다. 뒤로 손을 뻗어 그녀의 무릎을 만지며 "그래, 그래. 네 맘 이해해"라고 말해주고 싶었다. 하지만 그 순간, 상대방이 어떻게 받아들일지 미처 생각하기도 전에 내 입에서는 전혀 다른 말이 튀어나왔다. 너무나 단호하고 엄한 어조의 말이었다. 나 자신도 놀랄 정도였다.

"어쨌든 해!" 나는 앞 좌석에서 몸을 거의 뒤로 돌린 채 그녀의 얼굴을 똑바로 쳐다보며 말했다. "쇼나, 네가 결단을 내리지 못하는 이유가 오직 두려움 때문이야? 그건 적이 널 옴짝달싹하지 못하게 마비시키려는 거잖아. 그걸 모르겠니? 이런 두려움을 심어 주는 건 바로 적이야. 그렇게 앉아 있지 말고 적이 어떻게 하는지 봐! 그가 널 훼방하도록 두지 마. 네가 얼마나 무서워하는지 혹은 준비가 안 되었다고 생각하는지는 중요하지 않아. 무조건 하나님께 순종해야 돼!"

그녀는 멍하니 나를 쳐다보았다. 나는 눈길을 돌리지 않고 그녀를 주시했다. 꾸짖듯 화를 내는 내 모습에 나도 그녀도 놀라고 있었다.

실제로 나는 화가 나 있었다. 지금도 그렇다. 내 친구를 그렇게 망치는 적에게 화가 났다. 당신이나 나를 망치려는 그에게 지금도 화가 난다. 하나님이 주시고자 하는 모든 것을 계속 받지 못하게 방해하는 유일한 것이 적이 내게 사용하는 공포 전략임을 확인할 때마다 나는 화가 치밀어 오른다. 그러면 거룩한 분노로 어깨가 들썩이고 자리에서 벌떡 일어서게 된다. 내가 앞으로 나가지 못하게 적이 그토록 애를 쓴다면, 거기에는 내 시선을 돌려 보지 못하게 해야 하는 하늘의 어떤 축복이나 아름다움이 분명 있기 때문이다. 이제 더 이상 그의 작전에 넘어가지 않는다. 당신도 그러기를 바란다.

이제 사실을 말해야겠다. 두려움은 사탄이 하나님의 백성들을 무력하게 하는 중요한 계략 중 하나다. 정당한 염려를 말하는 것이 아니다. 우리를 보호해주는 경건한 지혜와 경고를 말하는 것도 아니다. 두려움에 대해 말하고 있다. 끝없는 염려를 이야기하고 있다. 밤을 꼬박 새우게 하는 불안 말이다. 항상 최악의 시나리오만 생각하는 상태다. 우리는 그런 두려움으로 단순히 혈압을 높이는 대신 화재 경보를 울리듯이 경계해야 한다. 도대체 왜 이처럼 모든 것이 마비되는 듯한 두려움을 느껴야 하는가?

우리는 성경을 통해 "하나님이 우리에게 주신 것은 두려워하는 마음이 아니요 오직 능력과 사랑과 절제하는 마음"(딤후 1:7)임을 분명히 알고 있다. 그러므로 '두려움의 영'이 인생의 특정 영역으로 침투하고 있음이 감지될 때마다 제거 과정을 통해 그것이 하나님께로부터 온 것이 아님을 확인해야 한다. 두려움은 그것이 만들어진 다른 영적인 곳에서 출발한다. 우리는 그런 두려움을 느낄 때 그 이유를 짚어 보아야 한다. 당신이 경험하지 못하도록 사탄이 막으려는 것이 무엇인지 알고 싶지 않은가?

애굽 왕 바로와 그 군대가 뒤에서 시시각각 추적해 오고 앞은 홍해에 막혀 진퇴양난인 모세와 이스라엘 백성들의 이야기는 잘 알고 있으리라 생각한다. 잠시 후면 이스라엘 조상들을 무려 400년 동안이나 잔인하게 학대한 나라의 왕과 병사들이 포위해 올 것이다. 피할 곳이 없었다. 적군을 피해 갈 수 있는 유일한 방향, 하나님이 자기 백성들에게 가라고 지시하시는 유일한 길은 파도가 넘실거리는 바다밖에 없었다.

그래서 이 200만 명이 넘는 히브리인들은 공포와 두려움에 빠졌다. 그 자리에 얼어붙었다. 그 바다를 헤엄쳐 살아날 수는 없었다.

그러나 그런 불가능한 상황, 사면초가에 빠져 하나님이 기적을 계획하고 계신다는 어떤 징후도 보이지 않는 상황에서 모세는 백성들에게 "두려워하지 말라"(출 14:13)고 선포했다. 그가 그들에게 내린 첫 번째 명령은 염려하지 말라는 것이었다.

모세가 두려움을 느끼지 말라고 말하지 않았다는 것에 주목하라. 죽음이 눈앞에 다가온 상황에서 그런 감정이 드는 것은 당연하다. 두려움은 수많은 상황에서 자연스럽게 드러나는 인간의 반응이다. 홍해 앞도 그 상황 중 하나였다. 그는 백성들이 두려움을 느낄 것을 알았지만 그럼에도 그것에 빠져 허우적거리지는 말라고 권하고 있다. 두려움을 선택하거나 그것에 친숙해져서는 안 된다. 즐기거나 곁에 두어서도 안 된다. 백성들이 그런 실수를 했다면 하나님이 바야흐로 행하실 놀라운 기적을 경험할 기회를 성급하게 차 버릴 수도 있었을 것이다. 나아가 강 건너편으로 건너갈 기회도 차 버렸을 것이다. 약속의 땅, 젖과 꿀이 흐르는 땅, 운명의 땅으로 갈 기회를.

적이 두려움을 심어 그곳으로 가지 못하게 막으려 한 이유다. 다음 장(출 15장)에서 그들이 모두 한 목소리로 찬양한 내용이 이것이다. 물이 바로의 군대를 통째로 삼켰고 이스라엘은 이제 시내산에서 멀지 않은 곳에 있다.

적은 우리도 두려움에 사로잡혀 그곳에 나아가지 못하기를 바란다.

우리 운명의 땅으로.

두려움과 절망이 목을 조를 듯 위협할 때 그것이 어떤 느낌인지 나는 안다. 위임받은 일을 진척시켜야 한다는 두려움으로 죽음의 공포를 느낄 때, 온몸이 마비되는 듯한 느낌이 무엇인지 안다. 그런 때는 그 일을 해내는 데 필요한 힘이 내게 조금도 없다는 생각이 든다. 아무것도 하지 않고 커튼을 내리고 이불을 뒤집어쓴 채 몇 시간만 이대로 있다가 일어났으면 좋겠다.

그러나 오늘 따스하게 손 내밀어 잡아 줄 누군가가 필요하든 친구 쇼나처럼 당장 온갖 핑계로 일관하는 어리석음에서 흔들어 깨워 줄 엄한 사랑이 필요하든 처방은 동일하다.

두려워하지 말라.

이 두려움의 문제는 하나님이 너무나 잘 아시는 중요한 주제다. 그래서인지 성경에서 하나님이 당신의 백성들에게 두려워하지 말라고 말씀하신 경우는 300번이 넘는다. "두려워하지 말라." "놀라지 말라." 잘 찾아보라. 성경 어디에서나 쉽게 찾을 수 있다. 하나님이 무엇을 원하시는지 알려 줄 단 한 구절을 찾아 온 성경을 뒤질 때가 있지 않은가? 300여 개 구절이 여기에 해당한다. 이 구절들은 모두 한 가지를 말한다. "두려워하지 말라."

그러나 적은 이렇게 말한다. "정말 두려워하라."

최근에 적이 주는 이런 종류의 해로운 음식을 먹은 적이 있는가? 두려워할 수밖에 없는 수백만 가지 이유가 있는가? 나쁜 습관을 끊기가 어려운가? 용기를 내어 성경 공부를 인도하기가 어려운가? 도심 선교를 시작하는데 도움을 주기가 어려운가? 맡은 일을 할 자격이 없다고 생각하는가? 이 일도 어렵고 저 일은 절대 할 수 없고, 다른 일을 하고 싶어서 마음이 불안하고 어수선한가?

왜 그런가? 개인 시간을 희생하도록 요구할 것 같은가? 압박감이 오히려 부차적인 문제일 정도로 곤란한 일인가? 정말 거절당할 위험을 무릅쓰기를 원하는가? 안전한 생활과 급여와 의료 보험을 포기해야 하는 일인가? 평소 생활과 행동 방식을 벗어난 대담한 일을 한다면 사람들이 무엇이라고 생각하겠는가? 악의적인 비난을 참아 낼 수 있는가? 음식 알레르기, 비행 공포증, 다른 모든 과민증은 어떤가?

적이 우리 앞에 이런 과속 방지턱과 걸림돌을 놓고 우리를 방해하지 않았는가?

그가 사용할 걸림돌은 이외에도 적지 않다. 그는 우리가 공포에 사로잡히도록 속이기 위해 전력투구한다. 왜 그런가? 두려움은 믿음의 반대말이기 때문이다. 믿음은 우리가 운명의 땅에 발을 내딛도록 해 준다.

마음을 열고 내 말을 끝까지 들어주기 바란다. 이제 긴 문장을 쓸 것이다. 단어를 하나하나 음미하며 읽어 주기를 바란다. 하나님이 이스라엘 백성들에게 하시듯이(혹은 친구 쇼나에게 하시듯이) 분명하게 명령하신 경우라면, 그분의 기록된 말씀이나 지혜롭고 경건한 누군가의 조언으로 검증된 명령을 주신 경우라면, 그리고 그분의 말씀을 거부하는 유일한 실제적인 이유가 그분을 따라가다가 생길 위험이나 어려움을 두려워해서라면, 우리는 불순종으로 들어서는 입구에 있을 뿐 아니라 하나님이 우리를 통해 이루고자 하시는 일을 행함으로써 그분에게 새롭게 영광을 돌릴 기회를 거부하고 있는 것이다. 이것이 두려운 모험의 여정에 함께하자고 그분이 우리를 초청하시는 실제적인 이유다.

우리는 열정적인 기도를 통해 우리 하나님이 두려움을 모르는 분이심을 알게 된다. 그분이 두려움이 없으시므로 우리도 두려움 없이 행할 수 있다. 그분이 우리와 함께하시고 우리 앞서 가실 때 홍해가 우리를 가로막더라도 두려워하거나 머뭇거릴 필요가 없다.

그러므로 주저하는 마음이 있더라도 '예'라고 말하라.

멈추지 말고 앞으로 나아가라. 믿음을 가지라. 두려워하지 말라.

기도의 요청

하나님을 따르는 어떤 도전들, 특히 혹여 있을지 모를 불의의 사태나 어려움을 다룰 방법에 대해 단계별로 명백한 지시가 따르지 않는 그런 도전들에는 두려움, 염려, 불안, 초조, 얼어붙은 발, 땀으로 흥건한 손바닥, 바짝 타들어 가는 입, 두근거리는 심장이 자연스러운 일차적인 반응이다. 하나님이 이런 반응을 온전히 인정하지 않으셨다면 우리에게 두려워하지 말라고 굳이 말씀하지 않으셨을 것이다.

물론 이 사실을 아는 적은 늘 가까이에 숨어서 우리의 그런 불안이 사그라들지 않고 더 타오르기를 초조한 마음으로 기다린다. 그래서 우리가 뜬눈으로 밤을 지새우며 명료하게 사고하지 못하도록 방해한다. 심지어 더 나아가 우리를 향한 하나님의 가장 좋은 선택이라고 알고 있는 바로 그것에 두려움의 영이 낙인을 찍도록 한다. 그러나 힘으로는 그가 비교조차 할 수 없는 하나님이 늘 그곳에 함께하시며 번민으로 가득한 우리 기도를 들어주신다. 두려움 없는 약속을 다시 확인시켜 주시며 당신이 가리키시는 곳으로 지치지 않고 걸어가는 데 필요한 다음 불빛을 비추어 주신다.

기도는 변화를 일으킨다. 정직하고, 느끼는 그대로를 그분께 아뢰라는 초청이다. 하나님의 약속에서 얻는 확신과 두려움 없는 자신감을 가지고, 있는 모습 그대로 하나님께 나아갈 수 있다.

과거의 염려와 불안들을 되살려 보자. 이런 염려는 단순히 스쳐 가는 생각들이 아니라 의도적인 전략의 결과다. 하나님이 부르신 소명과 운명에서 이탈하도록 하는 사탄의 전략이다. 여기에는 의도적인 기도의 전략으로 맞서야 한다.

"내가 두려워하는 날에는 내가 주를 의지하리이다 내가 하나님을 의지하고 그 말씀을 찬송하올지라 내가 하나님을 의지하였은즉 두려워하지 아니하리니 혈육을 가진 사람이 내게 어찌하리이까"(시 56:3-4).

"하나님이 우리에게 주신 것은 두려워하는 마음이 아니요 오직 능력과 사랑과 절제하는 마음이니"(딤후 1:7).

"여호와의 말씀이 내게 임하니라 이르시되 내가 너를 모태에 짓기 전에 너를 알았고 네가 배에서 나오기 전에 너를 성별하였고 너를 여러 나라의 선지자로 세웠노라 하시기로 내가 이르되 슬프도소이다 주 여호와여 보소서 나는 아이라 말할 줄을 알지 못하나이다 하니 여호와께서 내게 이르시되 너는 아이라 말하지 말고 내가 너를 누구에게 보내든지 너는 가며 내가 네게 무엇을 명령하든지 너는 말할지니라 너는 그들 때문에 두려워하지 말라 내가 너와 함께 하여 너를 구원하리라 나 여호와의 말이니라 하시고"(렘 1:4-8).

"평안을 너희에게 끼치노니 곧 나의 평안을 너희에게 주노라 내가 너희에게 주는 것은 세상이 주는 것과 같지 아니하니라 너희는 마음에 근심하지도 말고 두려워하지도 말라"(요 14:27).

"여호와의 말씀이니라 너희를 향한 나의 생각을 내가 아나니 평안이요 재앙이 아니니라 너희에게 미래와 희망을 주는 것이니라"(렘 29:11).

"내가 네 갈 길을 가르쳐 보이고 너를 주목하여 훈계하리로다"(시 32:8).

"내가 너희의 모든 대적이 능히 대항하거나 변박할 수 없는 구변과 지혜를 너희에게 주리라"(눅 21:15).

"내 양은 내 음성을 들으며 나는 그들을 알며 그들은 나를 따르느니라 내가 그들에게 영생을 주노니 영원히 멸망하지 아니할 것이요 또 그들을 내 손에서 빼앗을 자가 없느니라 그들을 주신 내 아버지는 만물보다 크시매 아무도 아버지 손에서 빼앗을 수 없느니라"(요 10:27-29).

"그러므로 형제들아 우리가 예수의 피를 힘입어 성소에 들어갈 담력을 얻었나니 그 길은 우리를 위하여 휘장 가운데로 열어 놓으신 새로운 살 길이요 … 또 약속하신 이는 미쁘시니 우리가 믿는 도리의 소망을 움직이지 말며 굳게 잡고"(히 10:19-20, 23).

이 말씀들을 묵상하며 기도 전략을 짤 준비를 하는데, 쇼나의 근황이 궁금할 수도 있다. 그녀는 두려움이 마음의 목소리를 장악하도록 두지 않았고, 다시 용기를 내어 순종하며 하나님이 지시하신 대로 나아갈 수 있었다. 이제 그녀는 더 이상 뒷좌석에서 울던 그런 나약한 사람이 아니다. 오히려 두려움을 뒷좌석으로 내팽개쳐 버렸다. 성령으로 충만해진 내 친구에게 그다지 훌륭하지도 않고, 준비되지도 않고 유능하지도 않으며, 아무것도 할 수 없는 사람이라고 말할 사람은 없다.

그렇다. 그녀는 할 수 있었다.

그리고 우리도 할 수 있다.

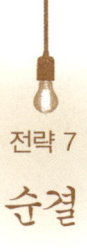

전략 7

순결

―

가장 취약한 영역에서 성결함을 추구하라

―

내가 당신의 적이라면 특정한 죄를 짓도록 유혹하며 그 죄들을 짓는 것이 일종의 숙명처럼 피하기 어려운 것이라고 믿게 만들 것이다. 당신의 성향을 연구해서 유혹에 빠져들 가능성이 가장 높은 최적의 조건을 알아내고 바로 그곳을 집중 공격할 것이다. 당신이 완전히 지쳐 포기할 때까지 공격을 멈추지 않을 것이다. 영원히 하나님과 떼어 놓을 수는 없다 해도 최소한 잠시나마 하나님과 관계가 틀어지도록 만들 수 있기 때문이다.

"만지지 마. 뭐가 묻었을지 모르잖아."

나는 세 아들을 키우면서 이런 말을 수없이 했다. 다른 아이들도 대부분 부모에게서 이런 말을 들으며 자랄 거라고 생각한다. 주로 아이들이 운동장을 뛰어다니거나 모래놀이를 할 때,

지저분해 보이는 물건에 호기심을 보일 때 부모들은 놀라서 이런 반응을 보인다.

나는 당신의 엄마가 아니다. 하지만 한 시대를 살아 가는 친구의 입장에서 말해 주고 싶다. 당신과 당신의 순결을 노리는 적이 구체적이고 전략적이며 가장 매력적인 모습으로 유혹할 때 한달음에 달려가 두 팔을 다급하게 휘저으며 "안 돼. 그건 만지지 마!"라고 외치는 역할을 맡고 싶다. 우리는 그 유혹이 정확히 어디서 왔는지 알고 있다.

호기심과 흥미를 자극하고 개인적인 성향과 맞아떨어지는 그 매혹적인 유혹은 사탄이 비뚤어지고 사악한 머리로 아침 내내, 한 주간 내내, 어쩌면 일 년 내내 궁리한 것일지 모른다. 작정하고 앉아 비열함과 사악함, 포악함과 음모의 기운을 한껏 불어넣는다. 우리가 가장 연약해져서 공격에 취약해지는 순간을 기다리며 준비한다. 그러나 눈에 잘 띄도록 세심하게 작업해서 본격적으로 유혹할 준비가 끝나면, 그동안 보았던 것 중에서도 무엇보다 찬란하고 탐나게 보여서 빨리 맛보고 싶다는 생각이 들게 할 것이다. 그는 눈길을 주지 않을 수 없는 곳에 그것을 전시한다. 최소한 들어서 살펴보고 만지작거리고 싶다는 호기심이 들도록 용의주도하게 선을 보인다.

도덕적인 타협, 건강하지 못한 습관, 마음을 혹하게 하는 중

독거리, 성적인 욕망에 불을 붙이는 유혹. 공교롭게도 탈진 상태이거나 굶주려 있을 때 혹은 외로울 때 갑자기 눈앞에 나타나는 사악한 힘이 단순히 우연일까? 상황에 딱 맞게 등장하는 데서 모종의 음모가 있음이 보이지 않는가?

마태복음 4장의 사건을 보라. 사탄은 예수님이 40일 동안 금식하시던 광야에, 아무도 없는 적막한 곳에서 홀로 굶주려 탈진하고 체력이 고갈되어 계실 때에 딱 맞추어 등장했다. 유혹하기에 얼마나 절묘한 상황인가? 갓 구운 따끈한 빵에 향긋한 버터를 살짝 발라 들이밀면 누구라도 다 넘어가지 않을까? 굶주리지 않았더라도 군침을 흘릴 것이다. 적은 바로 이런 방법을 쓴다. 정확하게 때와 장소를 맞추어 개인에게 딱 맞춰진 유혹을 끈질기게 들이민다. 그는 누가복음이 "시험"(4:13)이라고 칭하는 때를 늘 노린다. 그는 우리가 가장 저항하기 어려운 상황과 때를 노려 유혹한다.

그러므로 다시 한번 묻겠다. 각자의 상황에 딱 맞게 우리를 흔드는 사탄의 유혹이 우연인가? 전혀 계산되지 않은 우연한 사건일 뿐인가?

하던 일을 멈추고 무슨 일이 일어나고 있는지 보라. 공기 중에 실려 오는 유혹의 냄새를 처음 알아챈 곳에 멈추어 서 보라. 그리고 손으로 만져 보기 전에 기억하라. 그것이 어디에 있었는지를. 어디서 왔으며 그 배후가 누구인지를 기억하라. 오랫동안 계속해서 싸워 온 유혹이라면 그것으로 현재 어떻게 되었는지, 왜 결국 항상 같은 결말로 이어지는지 기억하라. 그 유혹에 굴복하는 순간 우리는 다시 그 진흙탕으로 향할 것이다.

우리는 안다.

우리가 이제 사용할 기도 전략은 모든 유혹이 생명을 위협하는 강력한 다이너마이트 폭탄과 같다는 이해에서 출발한다. 너무나 매혹적으로 보이고 너무나 자연스럽게 느껴져도, 맞서지 않고 굴복하고 수용한다면 남은 하루를 더 없이 수월하게 보낼 것처럼 보인다 해도 유혹은 절대 무해하지 않다. 그 대가는 결코 사소하지 않다. 선택의 파장이 계속 확대되어 마음으로, 생각, 영혼, 몸으로 번질 것이고 어쩌면 미래 세대에까지 영향을 줄 수 있다.

죄에는 반드시 대가가 따른다. 언제나 그랬고 앞으로도 그럴 것이다. 이 사실을 꼭 염두에 두어야 한다. 우리가 원하든 원하지 않든, 믿는 사람들에게는 영적인 경제 원리가 적용된다. 하나님께 순종하면 하나님과 친밀하게 교제하며 그분의 축복과 은총을 누릴 수 있다. 변하지 않는 사실이다. 그러나 불순종은 소외감과 상실감, 인생의 비애와 후회를 낳는다. 언제나 그렇다. 때로 유혹에 굴복한 결과가 실제적이고 명확해서 일상의 경험을 바꾸고, 어떤 경우에는 남은 인생이 근본적으로 달라질 만큼 철저하게 영향을 미치기도 한다. 그러나 그 대가를 직접적으로 인식할 수 없다 하더라도 죄의 파장은 언제나 아버지 하나님과의 교제에 영향을 미친다. 그리고 적은 정확히 이것을 노린다. 그가 우리를 유혹하기 위해 그토록 필사적인 이유가 여기에 있다.

성결하지 못할 때 기도가 약화된다. 기도가 약해지면 영적인 힘이 약해진다. 성경의 가르침과 성령의 변화시키는 사역에 우리 삶을 맞추지 못할 때, 우리 인생과 태도에 대한 하나님의 지혜로운 사랑의 가르치심에 저항할 때 기도 골방은 방음 시설을 한 방처럼 느껴지기 시작한다. 영적인 갑옷은 기독교 서점 장난감 코너에서 파는, 페인트칠을 한 플라스틱 장난감으로 전락한다. 기도로 충전해야 하는 에너지는 바로 차단당하고 단절된다. 우리 시스템은 공격에 취약해지고 성능은 저하된다. 기름이 새고 전력 누수가 생긴다. 그리고 결국 야고보서의 "모든 일에 정함이 없어" "주께 얻기를 생각하지 말아야" 할 두 마음 가진 사람처럼 살게 된다(약 1:7-8).

시편 기자는 이런 상황을 "내가 나의 마음에 죄악을 품었더라면 주께서 듣지 아니하시리라"(시 66:18)라고 고통스럽게 고백했다. 하나님의 손이 "짧아 구원하지 못하심도 아니요 귀가 둔

하여 듣지 못하심도 아니라 오직 너희 죄악이 너희와 너희 하나님 사이를 갈라 놓았고 너희 죄가 그의 얼굴을 가리어서 너희에게서 듣지 않으시게 함"이다(사 59:1-2). 하나님과의 분리. 죄로 생기는 비극이 이것이다. 적이 우리 인생을 무너뜨릴 유혹거리를 찾아내는 데 목숨을 거는 이유다. 야고보가 말한 "역사하는 힘이 큰"(약 5:16) '열정적이고 효과적인 기도'에는 조건이 있다. 의롭게 사는 사람이어야 능력 있는 기도를 드릴 수 있는 것이다.

그렇다. 의가 중요하다.

매일 지속적으로, 성결함을 지키기 위해 의도적으로 전략적인 기도를 드려야 하는 이유가 여기에 있다. 기도해야 적의 계략과 함정을 영적인 레이더로 민감하게 포착하여 우리를 지킬 수 있다. 하나님 아버지와 이런 친밀한 접촉이 없으면, 우리는 우리의 부주의한 행동이나 결정과 습관, 오락에 대한 우리의 일반적인 판단 기준에 대해 아무 문제가 없고 '그렇게 나쁘지 않다'고 자신하게 된다. 그러나 그동안 적이 치밀하게 쳐놓은 부도덕함의 덫들이 우리의 영적인 자산과 효능을 잠식하게 된다.

사탄은 우리가 부도덕해도 크게 문제되지 않고, 소위 정상이라고 믿도록 하는 전략을 쓴다. 금지된 몇 가지를 준비해 두었다가 어쩌다 한 번씩 즐기더라도 누구에게도 해가 가지 않으면 상관없다고 믿게 한다. 그러나 꾸준히 열정적인 기도를 드린다면 불의는 엄청나게 심각한 죄악임을 한눈에 알 수 있다. 완전히 뒤집힌 생활 방식이다.

거꾸로 뒤집힌 것들에 대해 이야기해 보자.

아들들과 낚시를 하러 가고 싶을 때면 우리는 친구네 집에서 멀지 않은 작은 호수로 간다. 시간이 많으면 둑에서 낚시를 하지 않고 둑 옆에 놓인 작은 배를 탄다. 그 배는 늘 거꾸로 뒤집힌 채 바닥이 위를 향하고 있다.

배를 뒤집어 놓는 것은 호수에서 수영을 할 때 배에 물이 고여 녹이 스는 걸 방지하기 위해서다. 아이들이 배를 끌어 물에 띄우자고 할 때마다 우리는 풀밭 위에 놓여 있던 배 아래에 야생 동물이 있지 않을까 매우 조심하며 그것을 뒤집는다. 개구리나 도마뱀, 거북이나 뱀이 있을지도 모른다. 배 밑에서 여러 번 만난 적이 있다. 뒤집힌 배 아래 습하고 축축하고 적당히 어두운 환경은 이런 동물들이 숨어 지내기에 더없이 완벽하다.

이 녀석들은 굳이 일일이 초청하지 않아도 우리 나들이에 끼어든다. 일부러 초청할 필요가 없다. 배를 거꾸로 뒤집어 두면 적정한 환경이 만들어지고 그것으로 충분하다.

우리 삶에도 동일한 원리가 적용된다. 불결한 생활, 불순한 생각, 지저분한 관계, 부적절한 애착. 다시 말해 거꾸로 뒤집힌 생활은 사탄이 활동하기에 완벽한 환경과 알을 깔 수 있는 최적의 공간을 만들어 준다. 그를 안으로 초청하면 그가 일으키는 소란과 혼란이 더 강력한 힘을 발휘하도록 완벽한 공간이 조성된다. 불의는 우리의 평안을 깨뜨린다. 쉼과 자족감을 누리지 못하게 하며 즐거움을 망쳐 버린다. 기쁨과 축복이 되어야 마땅한 경험을 뒤죽박죽으로 만든다. 우리는 알면서 굳이 사탄이 자리를 잡도록 불러들이는 환경을 조성하지는 않는다. 일부러 어떤 일을 저지르고 하나님과 거리를 느낀다며 하나님을 탓하는 사람도 없다. 우리는 위쪽으로 바로 세워진 의로운 삶을 적극적으로 선택해야 하며 적의 책략이 눈에 보이는 순간 바로 알아채도록 간절히 쉬지 않고 기도하는 데 힘써야 한다.

기도뿐 아니라 성결함으로도 적을 피해야 한다.

하나님은 우리 마음이 쉼을 누리며 보호를 받고 사탄과 그의 의도에 말려들지 않도록 우리에게 성결을 요구하신다. 능력과 확신과 영적인 활력으로 충만하기를 원하신다. 자유로이 다른 사람들을 축복하고 격려하며 그분의 선하심을 마음껏 받아들이고 누리며, 다이너마이트 같은 기도의 용사가 되어 사탄이 아침에 우리가 커피포트에 물 끓이는 소리도 듣기 싫어할 정도가 되기를 바라신다.

그런 일을 어떤 식으로 경험하고 싶은가? 우리는 또 다른 실패로 비참한 처지에 빠져 역겹고 절망스러운 것이 아니라 완전히 생기가 넘치는 경험을 할 수 있다. 예수님 안에서는 가능하다.

그렇다고 절대로 다시는 나쁜 일을 하지 않는다는 의미는 아니다. 우리는 그렇게 만들어지지 않았다. 이 땅에 사는 한 그럴 수가 없다. 죄의 흔적이 여전히 우리 육신 구석구석에 숨어 있어서 자석에 끌리듯 유혹에 끌린다. 심지어 사도 바울도 그런 싸움이 있음을 인정했다. "도리어 미워하는 것을 행하는" 자신이 이해가 되지 않는다고 말했다(롬 7:15). "원함은 내게 있으나 선을 행하는 것은 없노라"(18절). 그 심정이 충분히 공감된다.

그러나 기도 전략으로 이 문제를 도울 수 있다. 성결함을 지키지 못하는 것보다 더 나쁜 것은 실패한 후 하나님의 징계를 겸허히 받아들이지 못하는 것이다. 하나님의 징계는 우리를 정죄하지 않고 우리를 고쳐서 그분과의 관계를 회복하도록 돕는 데 목적이 있다. 그분과 분리하거나 나누는 것이 아니라 우리를 성결하게 만든다.

성결하면 열정적으로 기도하게 되고 열정적으로 기도하면 성결함을 추구하게 된다. 이런 선순환이 작동되고 영적인 동력

기처럼 탄력이 붙어 하나님의 친밀한 보호하심으로 우리 마음을 에워쌀 때, 우리를 포박해서 옛 죄악의 악순환에 빠지도록 끌고 가는 사탄의 힘을 빼앗게 된다.

우리는 그에게 말한다. 이 일에 끼어들지 마!

기도의 요청

하나님은 지금 영광의 나라로 우리를 초청하고 계신다. 진정한 자유와 가능성이 활짝 열린 공간으로, 매일 승리를 경험할 수 있는 장으로 부르고 계신다. 기도 골방이라 부르는 좁은 공간에 앉아 있을 뿐이라고 생각하겠지만, 실제로 그곳은 하나님이 왕으로 다스리시며 우리의 추악한 죄악이 모두 그분의 능력에 굴복하는 완전히 새로운 세상이다.

바로 우리가 가고 싶은 곳이다.

그러니 이제 연필을 쥐고 마음을 편안히 하고 써 보라. 번민하고 씨름하는 것들을 써 보라. 구체적으로 하나하나 이름을 적어 보라. 그 이름을 불러내어 드러내 보라. 가면을 벗기고 정체가 탄로나게 하라. 지금까지 소개했던 성경 구절들을 묵상하다 보면 그 안에서 진리를 발견할 것이다. 막연하게 알았을 뿐, 우리를 괴롭히는 구체적인 유혹의 영역들과 연결해 그 말씀들을 인용하며 기도하지는 않았을 것이다. 죄의 속박이라는 사슬을 벗어던지고 의의 호심경을 붙이도록 힘을 줄 말씀들이다. 지금 우리가 힘들게 싸우는 구체적인 문제들과 연결해서 마음에 선명하게 다가오는 구절들이 있는지 확인하고 맞춤 기도 전략의 일부로 그 구절들을 활용하라.

이제 걱정할 필요 없다. 유혹에서 벗어나 성결한 삶을 사는 것은 혼자 힘으로 감당할 수 있는 일이 아니다. 하나님은 우리를 구원하실 때 내면에서부터 "성령의 거룩하게 하심"(살후 2:13)을 따라 그분의 성결함과 거룩으로 우리 마음이 변화되며 행동으로 나타나도록 하겠다는 약속을 함께 주셨다. 기도로 하나님께 굴복하며 그분이 당신의 일을 하시도록 초청하면 단순히 죄를 피해야 하는 고되고 힘든 일에서 끝나지 않을 것이다. 우리가 부활의 능력으로 간절히 의를 추구하도록 하나님이 직접 일하시며 중심에 힘을 길러 주실 것이다. 그렇게 되었을 때 골방에서 나와 "부르심을 받은 일에 합당하게 행할"(엡 4:1) 준비를 하라. 적이 우리를 유혹하고자 부지런히 전략을 짜듯이 부지런히 전략적으로 순종을 실천하라.

우리는 성결의 축복으로 승리할 것이다. 그렇다면 성결의 삶을 예외가 아닌 당연한 기준으로 삼으면 어떨까?

그리고 이 성결의 축복으로 승리할 수 있는 이유가 말씀에 있다.

"그러므로 이제 그리스도 예수 안에 있는 자에게는 결코 정죄함이 없나니 이는 그리스도 예수 안에 있는 생명의 성령의 법이 죄와 사망의 법에서 너를 해방하였음이라"(롬 8:1-2).

"친히 나무에 달려 그 몸으로 우리 죄를 담당하셨으니 이는 우리로 죄에 대하여 죽고 의에 대하여 살게 하려 하심이라 그가 채찍에 맞음으로 너희는 나음을 얻었나니 너희가 전에는 양과 같이 길을 잃었더니 이제는 너희 영혼의 목자와 감독 되신 이에게 돌아왔느니라"(벧전 2:24-25).

"그러므로 너희는 죄가 너희 죽을 몸을 지배하지 못하게 하여 몸의 사욕에 순종하지 말고 또한 너희 지체를 불의의 무기로 죄에게 내주지 말고 오직 너희 자신을 죽은 자 가운데서 다시 살아난 자 같이 하나님께 드리며 너희 지체를 의의 무기로 하나님께 드리라 죄가 너희를 주장하지 못하리니 이는 너희가 법 아래에 있지 아니하고 은혜 아래에 있음이라"(롬 6:12-14).

"너희는 성령을 따라 행하라 그리하면 육체의 욕심을 이루지 아니하리라"(갈 5:16).

"너희가 그 때에 무슨 열매를 얻었느냐 이제는 너희가 그 일을 부끄러워하나니 이는 그 마지막이 사망임이라 그러나 이제는 너희가 죄로부터 해방되고 하나님께 종이 되어 거룩함에 이르는 열매를 맺었으니 그 마지막은 영생이라 죄의 삯은 사망이요 하나님의 은사는 그리스도 예수 우리 주 안에 있는 영생이니라"(롬 6:21-23).

"사람이 감당할 시험 밖에는 너희가 당한 것이 없나니 오직 하나님은 미쁘사 너희가 감당하지 못할 시험 당함을 허락하지 아니하시고 시험 당할 즈음에 또한 피할 길을 내사 너희로 능히 감당하게 하시느니라"(고전 10:13).

"그런즉 서서 진리로 너희 허리띠를 띠고 의의 호심경을 붙이고"(엡 6:14).

"사탄이 너희를 밀 까부르듯 하려고 요구하였으나 그러나 내가 너를 위하여 네 믿음이 떨어지지 않기를 기도하였노니"(눅 22:31-32).

"내 육체와 마음은 쇠약하나 하나님은 내 마음의 반석이시요 영원한 분깃이시라"(시 73:26).

"주께서 경건한 자는 시험에서 건지실 줄 아시고"(벧후 2:9).

말씀 한 구절을 더 소개하고자 한다. 시편 91편은 하나님이 우리의 피난처를 지으신다고 말한다. 정오의 뜨거운 뙤약볕처럼 내리쬐는 유혹의 열기 가운데서 우리를 보호하는 사랑의 그림자로 그늘을 만들어 주신다고 말한다. 우리 하나님이 피난처시며 산성이시다. 우리 하나님은 신뢰할 수 있는 분이며 구원자시다. 낮에는 화살이 날아다니고 밤에는 역병이 도사리며 오후에는 파멸이 기다릴지 모른다. "천 명이 네 왼쪽에서, 만 명이 네 오른쪽에서 엎드러지나 이 재앙이 네게 가까이 하지 못하리로다 … 네가 말하기를 여호와는 나의 피난처시라 하고 지존자를 너의 거처로 삼았으므로"(시 91:7, 9).

그래서 우리는 안전하다.

전략 8

압박감

—

평안과 안식, 자족하는 마음을 선포하라

—

내가 당신의 적이라면 모든 일을 당신이 처리해야 하는 듯 긴박하게 보이도록 만들 것이다. 중요한지 그렇지 않은지 구분이 되지 않는 수많은 일들로 달력을 빽빽하게 할 것이다. 정신없이 바쁘게 하고 어쩔 수 없이 거절하는 것에 죄책감을 느끼며 밀려드는 일들을 통제해 보려 하지만 오히려 그 모든 일에 통제를 당하도록 만들 것이다. 계속 정신없이 바쁘게 할 수 있다면, 당신은 그런 흐름에 완전히 압도되어 실제로는 적의 수고를 덜어 주고 있다는 것도 알아차릴 수 없을 것이다.

압박감.

뒤처지지 말아야 한다는 압박감. 중단해서는 안 된다는 부담감. 계속 멈추지 않고 속도를 따라잡아야 한다는 중압감. 사람들이 스스로 해야 하는 일임에도 내가 나서서 도와주어야 한다는 부담감.

은퇴를 대비해야 한다는 부담감. 체중을 줄이고 나이 들어 보이지 않게 외모를 가꾸어야 한다는 부담감. 교회의 사역 프로젝트를 다시 시작해야 한다는 부담감. 사람들의 기대에 부응해야 한다는 부담감. 자녀들이 좋아할 활동을 다시 짜야 한다는 부담감. 일기를 쓰고 주방과 창고를 정리하고 크리스마스 쇼핑을 서둘러야 한다는 부담감. 그리고 무사히 크리스마스를 보내면 정리한 생각과 예쁘게 찍은 사진들을 SNS에 올려야 한다는 부담감.

정해진 틀에 따라 일을 진행해야 하고 남의 눈에 벗어나지 않게 꾸미고 입어야 하며 남들이 하는 일이면 나도 뒤처지지 않아야 한다는 부담감. 완벽한 부모, 아내, 딸, 친구, 완벽한 직원, 완벽한 파티 플래너가 되어야 하고 사람들이 내게서 받는 이미지대로 완벽하게 살아야 한다는 부담감.

그리고 눈치 없이 나서서 분위기를 망치지 말아야 한다는 부담감도 있다. 숨이 턱턱 막힐 정도로 수많은 부담감이 우리를 짓누른다.

나태함과 자기 만족에 빠지지 않도록 기본적인 부담감은 꼭 필요하다. 부담감이 없는 인생이라고 마냥 좋지는 않다. 그러나 이렇게 숨이 막힐 정도의 압박감에 시달리는 삶이라면? 한시도

쉬지 않고 달리게 만드는 부담감이라면? 휴식하며 재충전할 시간도 전혀 없는 일정이거나 사실은 그렇게 바쁜 상태를 즐기는 사람이라면? 완벽주의나 집착, 누군가를 통제하기 위한 욕망, 남들에게 잘 보이고 싶다는 욕심으로 스스로에게 비현실적인 부담을 지우는 데서 오는 압박감이라면? 다른 사람들이 불합리한 요구를 하는 데서 오는 부담감이라면? 하나님이 부르신 소명에 순종할 시간을 확보하기 위해 일정의 일부를 비우거나 요청을 제한할 때 마치 자신이 이기적이거나 잘못됐거나 냉담한 사람처럼 느껴지는 부담감이라면?

이런 압박감들을 관통하는 몇 가지 공통점이 있다. 그리고 각각의 사안들은 하나의 원인으로 귀결된다. 그 원인을 추적해 가면 신실한 삶, 참으로 영원한 의미를 지닌 삶, 즉 하나님이 창조하실 때 살도록 하신 삶에서 공통된 요소들을 박탈하려고 노리는 자와 연결된다.

첫째, 먼저 생각해 보자. 삶에서 받는 압박감들 중 노예살이처럼 우리를 얽매는 것이 얼마나 많은지 확인해 보자. "이 일을 마치면 저기 갔다 와. 이제 여기 와서 다시 이 일을 해." 밤낮 시키는 대로 살아야 하는 사람처럼 우리는 이리저리 내몰린다. 노예는 쉬지 않고 일만 한다. 하루에 할 일을 스스로 정하지 않고 일일이 지시를 받는다. 그들 스스로도 그런 처지가 당연하다고 생각한다. 물론 다른 사람들도 그렇게 생각한다.

적은 항상 우리를 노예로 삼으려고 혈안이 되어 있다. 물론 무엇보다 먼저 그리스도가 이미 죽음으로 자유하게 하신 온갖 죄악에 얽매이게 해서 우리가 여전히 아무것도 할 수 없게 만드는 방식을 집중적으로 사용한다. 그러나 그 일이 계획보다 효과가 없거나 일반적인 유혹의 최전선에서 실패했을 때 그는 다른 방법을 쓴다. 실제로 그는 나쁜 일로 우리를 유혹하는 전통적인 방식에만 의존하지 않는다. 좋은 일로도 노예로 만들 수 있다. 일, 사역, 심지어 여가용 취미 같은 일도 잔혹한 강제 노역 감독관이 되어 우리의 삶을 다스리고 몰아대므로 아무리 좋은 일도 절대적으로 건강하고 긍정적이지는 않다.

하나님이 옛 이스라엘 백성들을 400년간의 노예 생활에서 건져 주셨을 때, 그들은 노예적인 사고 방식에 뼛속 깊이 물들어 있었다(출 1:8-14). 밤낮으로 일했고 노는 걸 모르고 살았다. 태어날 때부터 노예로 사는 삶에 길들여져서 생활 리듬도 그에 맞춰져 있었다. 강제 노역관이 어떤 지시를 하더라도 고분고분 따랐다. 지시를 거부한다는 것은 생각할 수 없었다. 분명히 그런 생활을 좋아하지 않았겠지만 달리 무슨 방도가 있었겠는가? 여호와께서 모세를 통해 열 가지 재앙을 보내시고 바로의 손아귀에서 건져 내실 때까지 그런 생활은 계속되었다.

그리고 결국 그들은 자유를 얻었다. 더 이상 노예가 아니었다.

그러나 자유가 공식 선언되었다고 해서 노예의 사고 방식이 자동으로 사라지지는 않는다. 노예가 아닌 자유인으로서 사고하기 위해서는 그들의 시각을 근본적으로 바꾸어야 할 필요가 있음을 하나님은 아셨다.

안식에 들어가라.

십계명 중 안식일을 지키라는 계명의 첫 문장을 듣고 이스라엘 백성들이 얼마나 충격을 받았을지 생각해 보라. "엿새 동안은 힘써 네 모든 일을 행할 것이나 일곱째 날은 네 하나님 여호와의 안식일인즉 … 아무 일도 하지 말라"(출 20:9-10).

아무 일도 하지 말라고?

이스라엘 백성들은 그때까지 이런 말을 들어 본 적이 없었다. 평생 들어 보지 못한 명령이었다. '그치다, 멈추다, 관두다'라는 의미의 히브리어 단어 '샤밧'(shabbat)은 완전히 낯선 의미가 함축된 개념이다. 그들의 모든 환경과 몸에 배인 사고 방식에는 쉬지 않고 일하는 것이 당연했다. 안식 없는 노동과 거부 없는 순응만 있었다.

그런 경험 속에서, 주중에 일하고 정기적으로 하루를 쉴 수 있다는 말은 도무지 믿기지 않았을 것이다. 그렇지 않은가? 생각해 보라. 그들은 일곱째 날에는 쉬어야 함에도 순종하지 않고 일을 하러 나갔다(출 16:27-30).

일을 멈추고 쉼을 누리거나 내려놓고 물러서서 깊이 심호흡을 하며 재충전을 한다는 이런 개념, 안식하라는 성경의 명령이 그들에게는 왜 그토록 어려웠을까?

같은 이유로 그것은 우리에게도 어려운 일이다.

어떤 점에서 우리도 그들과 다름없는 노예이기 때문이다.

해야 할 일이 가득한 와중에 휴식과 여백의 리듬을 즐기도록 의도적인 결단을 하는 것은 용납할 수 없는 일 같다. 여전히 노예처럼 사고하는 사람들에게는 감당하기 어려운 일이다. 오랫동안 거절하지 말고 순응하도록 훈련받았기 때문이다. 그들은 자신도 모르게 정해진 일정이라는 주인의 종이 되었다. 엄청난 속도로 휘몰아치는 문화 속에서 그들은 본능적으로 선을 이탈해서는 안 된다고, 쳇바퀴에서 뛰어내리면 안 된다고, 가게 문을 닫고 집에 갈 시간을 결정할 자유가 없다고 생각하게 되었다.

노예의 화법이 있다. "난 절대 안 돼. 내가 할 수 있어?"

그렇다. 할 수 없다. 노예라면 할 수 없다.

그러나 자유인이라면 할 수 있다.

그렇다면 맞춰보겠는가? "그리스도께서 우리를 자유롭게

하려고 자유를 주셨으니 그러므로 굳건하게 서서 다시는 종의 멍에를 메지 말라"(갈 5:1). 이 이상 좋은 소식이 어디 있겠는가? 이제 우리는 단순히 수첩의 일정표가 아니라 삶의 모든 영역에서 자유인이 되었다. 자유를 누리며 느긋하게 여유를 만끽할 수 있고 충분히 안식한 우리 영은 새로운 힘으로 다시 내일을 시작할 수 있다.

한 사람이 그런 전투 작전을 수행하기로 결심하면 적의 사령 본부에 어떤 충격파가 가해질지 궁금하지 않은가? "안 돼"라는 한마디를 하면서도 죄책감이나 수치심을 조금도 느끼지 않는 사람을 보면 어떻겠는가? 물론 우리는 섬기도록 부르심 받았고 섬김은 종종 희생을 요구한다. 부여 받은 모든 일을 일상에 아무런 무리없이 감당하기는 쉽지 않다. 그러나 자유를 누리는 사람은 하나님이 실제로 어떤 일을 하도록 하실 때나 그렇지 않으실 때가 언제인지 구별하는 능력을 받았다. 그러므로 하나님이 주신 분별력으로 스스로의 한계를 알 수 있고 '멈추고 서야' 할 때를 아는 권위가 있다. 우리는 폭압적인 종의 멍에가 아니라 예수님이 주시는 가벼운 멍에를 진다. "이는 내 멍에는 쉽고 내 짐은 가벼움이라 하시니라"(마 11:30).

아버지는 오직 우리가 우리 되기를 원하신다. 다시 말해 자신을 버리면서까지 모든 일에 책임을 질 필요는 없다.

이런 여유로움은 예수님이 가장 잘 보여 주셨다. 그분의 말씀을 들어 보자. "아들이 아버지께서 하시는 일을 보지 않고는 아무 것도 스스로 할 수 없나니 아버지께서 행하시는 그것을 아들도 그와 같이 행하느니라"(요 5:19). 예수님은 하나님의 아들이심에도 모든 일이 다 자신의 일이라고 생각하지 않으셨다. 오직 아버지가 하시는 것을 본 그 일만 하셨다. 그 이상도 그 이하도 아니었다.

선한 일이라고 다 하나님의 일이 아니다. 간단 명료하다. 선한 일에도 노예가 될 수 있기 때문이다.

둘째, 압박에 시달릴 때 어떤 식으로 두려움과 불안감이 작동하는지 경계심을 갖고 살펴야 한다. 두려움과 불안은 늘 파괴적인 느낌이 있다. 사탄은 한 개인의 본질적인 가치가 해내는 일의 양이나 성과, 혹은 축적한 재물로 평가된다고 믿게 만드는 작전을 펼친다. 바로 치하의 이스라엘 백성처럼, 이런 체계에서 가치 있는 존재로 인정 받기 위해서는 해낸 일들을 막힘없이 내놓을 수 있어야 하고, 누구나 알아줄 정도로 이미 빽빽한 점검 목록에 그것을 모두 추가할 수 있어야 한다.

그러나 이렇게 해야 하는 이유가 무엇인가? 누가 측량줄을 긋고 있는가? 그리고 그 선을 충족하지 않았다고 우리를 무능하다고 선언하는 이는 누구인가? 누가 우리를 인정하는 기준을 설정하는가? 성과의 총합으로 우리의 가치가 결정된다고 말하는 이는 누구인가?

그가 누군지는 분명하다.

고대 애굽에서 히브리 노예들을 위협하는 힘을 가졌던 잔혹한 군주들과 조금도 다를 바 없는 자다. 히브리 노예들에게 생존은 잔혹한 현장 감독들을 피할 수 있느냐에 달려 있었다. 조금이라도 호의적인 반응을 받아낼 유일한 방법은 죽도록 일해서 생산성을 올리는 길뿐이었다.

오늘날에도 동일한 폭압과 강압이 이루어지고 있다. 정신없이 성과를 올리며 바쁘게 살아야 인정 받는 삶이라고 우기는 내적, 외적 압력이 그것이다. 모든 것이 불안한 우리는 우리에게 요구되는 것을 제대로 이행하지 못하거나 사람들에게 인정 받을 만큼 소유하지 못할 때 타인의 시선과 평가를 생각하며 두려워하게 된다. 주어진 프로그램대로 복종하며 그것을 엄격히 고수하지 않을 때 하나님이 노여워하실까 두려워하는 것, 우리의 신앙 생활이 율법주의로 흐르는 이유다. 가만히 앉아 있는 법을 모르는 이유다. 현재의 위치나 소유에 좀처럼 자족할 줄 모르는 이유다. 현재 주어진 한 가지 일에 집중하지 못하고 계속 다른 것에 기웃거리는 것도 이 때문이다.

그것은 위협이다. 전적으로 거짓말과 두려움에 근거한다. 부자가 되지 못하리라는 두려움, 풍족하게 누리지 못하리라는 두려움, 실패해서 기대한 수준에 미치지 못하고 더 이상 완벽하게 보이지 못할 것이라는 두려움, 더 열심히 일하고 더 빨리 움직이는 사람이 내 것을 차지하리라는 두려움.

그러나 사랑하는 친구이자 지혜로운 멘토가 최근 내게 들려준 말대로 "하나님은 우리에게서 무엇인가를 원하지 않으신다. 우리를 위해 무엇인가를 원하신다." 우리 가치는 우리 행위가 아니라 우리 존재 그대로에 있다.

'샤밧'이라는 개념이 본래 전달하고자 하는 의미도 이것이다. 우리는 끊임없이 노력하고 모으고 일할 필요가 없다. 진정으로 인정받아야 하는 유일한 분께 이미 인정받았다. 그분은 가치 있는 존재로 인정하신다는 인장을 이미 우리에게 찍어 주셨다. 우리에게 위탁하신 일들이 있다 해도, 그것은 우리 능력과 업적을 확인하기 위해서가 아니라 우리가 발을 디디고 사는 곳에 그분의 나라가 확장되도록 그분과 동역하는 데 목적이 있다. 물론 땀을 흘려야 하고 근육에 경련이 일어날 정도로 수고해야 한다. 애써 다듬은 손톱에 흙이 묻을 수도 있다. 그러나 이런 노력들과 취미들, 재산은 원래 기쁨을 누리고 관계를 돈독히 하며 은사를 계발하고, 그분의 풍성한 축복을 누리며 만족하며 사는 삶을 위한 것이다. 우리를 압박하는 원인이 되어서는 안 된다.

그러므로 하루를 마감할 때 걸핏하면 찾아오는 감정에 여전히 힘들고 어렵다면 거짓말쟁이에게 놀아나고 있는 것이다. 두려움과 불안 때문에 행동하는 것이고 적이 사용하는 압박감이라는 잔인한 작전에 휘둘리는 것이다. 더 이상 이런 것들을 참고 견딜 이유가 없다.

한 가지 아주 중요한 사실을 덧붙이자면, 압박감은 종종 우상 숭배의 가면을 쓴다는 것이다. 모세가 출애굽기 초반부에서 바로 앞에 나아가 하나님의 말씀을 선포할 때마다 "내 백성으로 가게 하라"고만 하지 않았다는 사실에 주의하라. 그는 "내 백성을 보내라 그들이 나(여호와)를 섬길 것이니라"(출 9:1)고 말했다. 열두 번쯤 이 말씀을 되뇌어 보라. 그리고 확인해 보라. 하나님이 그들을 애굽에서 건지신 이유는 분명했다.

이스라엘을 노예 생활에서 건지신 목적, 그리고 부당한 압박감에 매여 있는 상태에서 우리를 해방시키시는 목적은 단순히 자유 그 자체에 있지 않다. 최대의 생산성을 쫓는 생활 가운데 안식의 공간을 허락하시는 이유는 여호와 하나님께 헌신하며 그분을 섬기고 예배하는 데 조금도 거리낌이 없도록 도우시기 위해서다. 바쁜 일상에서 안식하는 시간이 있어야 하나님을 하찮게 여기지 않는다.

하나님을 주변부로 몰아낼 만큼 삶이 할 일로 휘청거린다면 하나님께 드려야 할 헌신을 다른 대상에게 내어 주고 사랑한다는 게 틀림없다. 예를 들어, 실적에 대한 압박감은 종종 명성이 우상이 되었음을 뜻한다. 터무니없을 정도로 빽빽한 일정을 고수해야 한다는 압박감은 자기의존이 우상이 되었음을 뜻한다. 흠잡을 데 없는 완벽한 삶의 기준을 유지해야 한다는 압박감이 있다면 성취감이 우상이 되었다는 뜻이다. 자녀들은 조금도 관심을 보이지 않는 일을 모두 떠안아야 한다는 압박감은 자녀들이 우상이 된 것을 의미한다. 우리는 그 어떤 것이든 우상으로 삼을 수 있다. 하지만 때로 그런 일이 우리 마음속에 일어나도 전혀 자각하지 못한다.

안식일의 중요한 목적은 하나님이 아닌 다른 구애자들을 향한 헌신을 줄이고 하나님께 더욱 충실하도록 하려는 것이다. 적은 우리의 일정이나 생각, 마음, 가정에서 다른 사람들이나 일들이 하나님보다 더 우선순위에 있기를 바란다. 우리도 모르게 창조주를 향한 충성심이 식도록 유인해서 다른 여러 대상에게 그것이 분산되기를 원한다.

그러므로 쉬지 않고 우리를 짓누르는 압박감은 단순히 일상에서 우리를 성가시게 하는 또 하나의 문제가 아니다. 우리의 주님이신 유일하신 하나님께 온전히 헌신하지 못하도록 공격하는 적의 작전이다. 우리의 안식과 평화, 자족과 균형감, 건강,

온전함을 두고 벌이는 우주적인 전쟁이며, 전심으로 그분을 예배하고 신뢰하며 그리스도 안에서 자유와 만족을 누리는 능력, 온전히 예비하신 때에 그분의 요청에 즉각 반응할 수 있는 능력을 두고 벌어지는 쟁탈전이다. 이런 압박감들을 줄이는 일을 단순히 자기 계발서와 동기 부여 강의의 단골 메뉴로만 보지 말아야 하는 이유다. 우리가 전심으로 기도해야 할 문제인 이유가 여기에 있다.

우리는 이런 관련성을 너무나 오랫동안 잊고 살았다. 지치고 힘들어서 그 사실을 외면했다. 그러나 이제 우리 눈이 열렸으므로 적의 전략을 알 수 있다. 그러므로 기도를 예리한 칼날처럼 사용해 압박감에서 벗어나야 한다.

기도의 요청

우리 삶은 단 한 번뿐이다. 삶의 압력과 요구라는 어려움을 통과해야 하는 이 인생은 또한 중요한 선택을 할 수 있는 기회이기도 하다. 그런 압박과 요구가 우리를 지배하고 규정하도록 방치할 것인가? 우리 마음과 헌신을 훔쳐 가도록 둘 것인가? 아니면 아버지를 섬기고 찬양하는 삶이 우리 일상을 결정하도록 할 것인가? 선택해야 한다.

인생은 결코 호락호락하지 않다. 분명한 사실이다. 그리고 인생의 모든 영역에서 최선을 다하며 힘을 쏟아 노력하는 일은 중요하다. 하지만 일정의 노예가 되어 가정에서 쉼의 공간이 야금야금 잠식당하고 우정과 하나님을 향한 예배와 소명마저 조금씩 잃게 두어서는 안 된다. 당연히 우리의 계획과 우선순위를 매일 다른 누군가가 결정하도록 두어서도 안 된다. 우리는 "여종"이 아니라 "자유 있는 여자"다(갈 4:31).

이제 자유 있는 사람처럼 살고 기도해야 할 시간이다.

전략적으로 초점을 맞춘 기도를 드릴 때 하나님은 우리가 자유로워지는 과정을 시작하실 뿐 아니라 평안과 안식, 자족이라는 새로운 실로 그 자리를 꿰매어 주실 것이다. 그러므로 이런 자유들이 만드는 근본적인 변화를 맛본 후에는 적이 다시 그것을 앗아가지 않도록 경계해야 한다. 때로 적이 우리를 이용할 수는 있지만 최소한 우리의 반격이 만만찮음도 알게 해야 한다.

이 부분과 관련해 성경 구절을 정리하고 적절한 기도 전략을 짜기에 앞서 간단한 개인 목록을 만드는 일부터 시작할 수 있다. 더 구체적인 기도를 드리는 데 도움이 될지 모른다. 피로와 산만함, 염려의 원인이 되고 때로 절망적인 감정까지 가져오는 인생의 가장 일반적인 압박감과 기대가 무엇인지 확인해 보라.

- 그렇게 중요하지 않거나 꼭 필요하지 않은 일에 노예처럼 얽매이게 하는 일정이 있는지 점검해 보라.
- 지나치게 많은 일들을 받아들이고 거절하지 못해 심각한 죄책감과 무의미함을 느끼는 이유에 대해 자신의 동기를 점검해 보라.
- 우상으로 여기는 사람들이나 목표, 관심사에 과도하게 시간을 쓰고 있지는 않은지 확인해 보라.
- 옷, 집, 차, 직장, 운동, 교육과 관련해 얼마나 많은 관심을 두는지 점검해 보라. 또한 뒤처지지 말아야 한다고 압박하는 외부적인 기준에 얼마나 얽매여 있는지 살펴보라.

이런 결정들을 하는 이유가 교묘하고 간파하기 쉽지 않기 때문에 올바른 분별력을 주시도록 주님께 기도해야 한다. 적은 호시탐탐 노리고 있고, 분명 그 모든 것의 진정한 배후가 누구인지 보지 못하도록 공작을 벌인다는 사실을 기억하라. 가까운 친구나 가족 중에 신뢰할 수 있는 지혜로운 이가 있다면 도움이 될 것이다. 그가 당신에게 지적하는 내용이 있다면 받아들이기 어렵다 해도 귀담아 듣고 고민하겠다는 마음의 결단이 있어야 한다.

어떤 면에서, 압박감과 관련해 집중적인 표적 기도를 드리는 일은 이 책에서 다룬 여러 문제들에 비해 그렇게 중요하지 않다고 생각할 수도 있다. 현대인들에게 압박감이나 정신없이 바쁜 생활은 너무나 보편적이고 일상화되어 있어서 실제로 우리가 할 수 있는 일도 거의 없다. 그러나 그리스도인으로서 우리에게는 분명히 할 일이 있고 또 해야만 한다. 안식과 만족을 향유하는 삶은 그 자체로 끝나는 경험이 아니다. 우리 인생의 다른 모든 영역까지 영향을 미친다. 이런 만족과 안식이 없이는 많은 일들이 엉망이 되고 희망도 사라질 것이다.

그러나 성령은 능력으로 우리가 일정을 주도할 힘을 갖도록 도와주시고, 우리가 숨 쉴 공간을 만들어 내고 안식의 원리에 순종하며 전지하신 말씀의 진리에 기초한 경계를 세우도록 도와주신다. 그러므로 우리는 소명에 더욱 분명하게 집중할 수 있다. 우리 예배는 아름답고 다채로운 색으로 꽃을 피울 것이고 우리의 하루가 기쁨으로 밝게 빛나는 경이로운 경험을 할 수 있다.

적이 싫어할 일을 하자.

> "나의 영혼이 잠잠히 하나님만 바람이여 나의 구원이 그에게서 나오는도다 오직 그만이 나의 반석이시요 나의 구원이시요 나의 요새이시니 내가 크게 흔들리지 아니하리로다"(시 62:1-2).

"내 마음이 약해 질 때에 땅 끝에서부터 주께 부르짖으오리니 나보다 높은 바위에 나를 인도하소서 주는 나의 피난처시요 원수를 피하는 견고한 망대이심이니이다 내가 영원히 주의 장막에 머물며 내가 주의 날개 아래로 피하리이다"(시 61:2-4).

"여호와는 말의 힘이 세다 하여 기뻐하지 아니하시며 사람의 다리가 억세다 하여 기뻐하지 아니하시고 여호와는 자기를 경외하는 자들과 그의 인자하심을 바라는 자들을 기뻐하시는도다"(시 147:10-11).

"주 여호와여 주는 나의 소망이시요 내가 어릴 때부터 신뢰한 이시라 내가 모태에서부터 주를 의지하였으며 나의 어머니의 배에서부터 주께서 나를 택하셨사오니 나는 항상 주를 찬송하리이다"(시 71:5-6).

"나는 너를 애굽 땅에서 인도하여 낸 여호와 네 하나님이니 네 입을 크게 열라 내가 채우리라"(시 81:10).

"만일 … 안식일을 일컬어 즐거운 날이라, 여호와의 성일을 존귀한 날이라 하여 이를 존귀하게 여기고 네 길로 행하지 아니하며 네 오락을 구하지 아니하며 사사로운 말을 하지 아니하면 네가 여호와 안에서 즐거움을 얻을 것이라 내가 너를 땅의 높은 곳에 올리고 네 조상 야곱의 기업으로 기르리라 여호와의 입의 말씀이니라"(사 58:13-14).

"진리를 알지니 진리가 너희를 자유롭게 하리라"(요 8:32).

"너는 기억하라 네가 애굽 땅에서 종이 되었더니 네 하나님 여호와가 강한 손과 편 팔로 거기서 너를 인도하여 내었나니 그러므로 네 하나님 여호와가 네게 명령하여 안식일을 지키라 하느니라"(신 5:15).

"돈을 사랑하지 말고 있는 바를 족한 줄로 알라 그가 친히 말씀하시기를 내가 결코 너희를 버리지 아니하고 너희를 떠나지 아니하리라 하셨느니라"(히 13:5).

"그런즉 너희는 먼저 그의 나라와 그의 의를 구하라 그리하면 이 모든 것을 너희에게 더하시리라"(마 6:33).

"여호와를 기뻐하라 그가 네 마음의 소원을 네게 이루어 주시리로다"(시 37:4).

엄청난 양의 불필요한 압박에 시달릴 때, 그 압박에 대한 하나님의 권위를 주장하는 것처럼 우리 인생의 풍경을 극적으로 변화시킬 수 있는 일은 없다. 기도 중에 눈을 감고 영의 눈이 열리도록 준비하라. 얼마 지나지 않아 완전히 새로운 사람이 그 기도의 골방에서 나오게 될 것이다.

그는 자유롭고 쉼을 누리며, 만족하며 자족할 줄 아는 사람이다.

전략 9

상처

—

용서로 치유와 자유함을 누리라

—

내가 당신의 적이라면 온갖 기회를 틈타 묵은 상처들을 끄집어내고 상처를 준 사람들과 사건, 상황까지 생생히 기억하며 되새기도록 할 것이다. 분노와 원한으로 완고해지고 용서하지 못하는 '마음의 감옥'에 갇혀 나오지 못하게 만들 것이다.

공허함과 무감각함. 기도를 드릴 때 느끼는 감정이었다. 깊고 텅빈 동굴 벽에 기도 소리가 그대로 부딪혀 공중으로 산산이 흩어지는 느낌이었다. 딱히 이유가 없었다. 점점 그런 상황이 지겹고 싫증이 났다. 뜨겁게 기도할 때 얻는 담대함과 살아 있는 듯한 강렬함을 한번 맛본 사람이라면, 하나님과 친밀한 관계 속에 나누었던 온전한 자유함을 누리지 못하는 삶은 무미건조하고 재미가 없다. 열정적으로 기도하며 그분의 임재를 확인하던 때가 그립다. 그 경험을 갈망한다. 특별히, 앞에서 말했듯이, 아무리 머리를 쥐어짜도 갑자기 불가사의하게 그런 기도가 사라져 버린 이유가 무엇인지 모를 때 그 마음은 더욱 간절해진다.

한 친구가 70년대 중반에 출판된 기도에 관한 책을 언급하면서 읽어 본 적이 있느냐고 물었을 때, 나는 바로 그런 영적인 침체를 경험하고 있었다. 친구가 추천하는 이유를 들으면서 내게 필요한 책이 분명하다는 생각이 더욱 강해졌다. 그래서 그 책을 바로 주문했고, 얼마 지나지 않아 하나님은 그 책의 앞 부분에 인용된 성경 구절을 통해 내 마음에 말씀하셨다. 바울은 고린도 교회에 편지를 보내면서 교인들이 분열하며 다투게 된 한 문제를 언급하며 이렇게 적었다. "근심하게 한 자가 있었을지라도 … 너희는 차라리 그를 용서하고"(고후 2:5, 7).

그 구절을 듣는 순간 내 마음에 무엇인가가 울컥 치밀어 올랐다.

그러나 참고 계속 읽어 나갔다.

> "그런즉 너희는 차라리 그를 용서하고 위로할 것이니 그가 너무 많은 근심에 잠길까 두려워하노라 그러므로 너희를 권하노니 사랑을 그들에게 나타내라 너희가 범사에 순종하는지 그 증거를 알고자 하여 내가 이것을 너희에게 썼노라 …

이는 우리로 사탄에게 속지 않게 하려 함이라 우리는 그 계책을 알지 못하는 바가 아니로라"(7-9, 11절).

용서하고 위로하라.
범사에 순종하라.
사탄에게 속는다.
그의 계책을 안다.

간단한 구절이었지만 나는 뭔가에 얻어맞은 듯 충격을 받았다. 오직 하나님의 성령만이 주실 수 있는 깊은 내적인 책망이 나를 내리쳤다. 그리고 그 순간, 지금 이 장에서 나누어 주고자 하는 진리, 기도 생활의 활력을 되찾고 이전의 열정을 회복하게 해 준 진리를 깨달았다. 용서하지 않는 것은 적이 우리를 '속이고' 기도의 능력과 적에 맞서 승리할 우리의 능력을 무너뜨리고자 사용하는 전략적이고 정교한 "계책"이라는 사실이었다. 내가 당신의 적이라면 당신이 당신에게 잘못했던 사람을 용서하지 않도록 가능한 모든 수단을 동원하겠다고 말한 이유가 여기에 있다.

내 경우가 바로 그랬다. 그리고 그 성경 구절을 보면서 왜 그런 침체에 빠져 있었는지 갑자기 세세한 이유까지 모든 기억이 되살아났다.

그 사람이 특별히 내게 모질게 대하거나 해를 입히지는 않았다. 인생이 통째로 바뀔 정도로 심각한 상처를 가하지도 않았다. 하지만 그 일로 우리 두 사람 사이에는 눈에 보이지 않는 벽이 생기고 나는 마음의 상처를 받았다.

몇 년 동안 기도로 사역하며 인내하고 희생하며 헌신한 결과, 개인적인 삶은 물론이고 사역에도 실제적인 성과가 구체적으로 드러나고 있었다. 밤에 잠자리에 들어 눈을 감으려 하면 저절로 웃음이 났고 아침에 눈을 뜨면 하루가 기대될 정도로 흐뭇한 나날이었다. 나는 흔쾌히 나를 축하해 주리라 생각한 가까운 몇몇 친구들에게 이런 기쁨을 나누었다. 하지만 그중 한 친구는, 무례하다고 할 정도는 아니었지만 매우 비판적으로 반응했다. 나를 응원하거나 축하해주지 않았다. 그 이후로 하루가 가고 몇 주가 가고 몇 달이 흐르면서 그녀는 계속해서 더 노골적으로 나를 피했고, 설령 마주치더라도 알은척은 하지 않았다. 거리를 두고 냉담함을 거두지 않았다.

처음에는 내가 너무 예민한 탓이라 생각했다. 그러나 내가 굳이 말하지 않았는데 다른 몇 친구들도 그런 분위기를 알아차리기 시작했다. 심지어 그들도 차갑게 구는 그 친구의 반응이 당혹스러운 모양이었다. 내가 착각하거나 예민해서가 아니었다. 우리 중 누구도 그녀가 왜 그런 반응을 보이는지 정확히 아는 이가 없었다.

실제로 나는 내가 아는 최선의 방법으로 그 문제를 다루고 있다고 생각했다. 되도록 그녀와 한 자리에 있는 상황을 피하는 것 말이다. 그러나 안전거리를 유지하기가 여의치 않은 상황에서는 생각하는 것 이상으로 내가 그 문제로 괴로워하고 있다는 사실을 새삼 확인할 수 있었다. 그녀와 가까운 거리에 있으면 수많은 감정이 치밀어 올랐다. 마음이 복잡해졌다. 그녀를 생각하거나 볼 때마다 생기는 그런 복합적인 감정이 내게 유익할 리 없었다. 그런 생각들을 털어 내려고 애를 쓰며, 누군가에게서 이런 취급을 받을 어떤 잘못도 하지 않았다는 사실로 스스로를 위로했지만 억울한 마음은 사라지지 않았다.

그러다가 고린도후서 2장 5-7절을 읽게 되었다.

용서하라.

위로하라.

순종하라.

속는다.

계책이다.

나는 이 말씀대로 순종해야 한다는 부담감을 느꼈고 어디로 가든지 끊임없이 하나님께 이 문제를 반문했다. 용서만이 유일한 방법이라면 그 말씀대로 순종하는 일만이 조금 더 쉬울 거라 생각했다. 실제로 그분의 끈질긴 권면으로 나는 친구를 용서할 수 있었다. 최소한 마음에서는 말이다. 그녀가 그토록 긴 시간 나를 불편하고 힘들게 한 빚을 탕감해 주었다. 진지하게 그녀를 용서한다는 마음의 선언문을 작성한 나를 보시면, 이제 마음의 고통에서 헤어나게 하시고 굳이 더 이상의 요구는 하지 않으시리라 생각했다. 그녀를 위로하는 일 같은 것 말이다.

그러나 하나님이 계속 세세한 부분까지 책망하시는 상황이 지속되면서, 나는 하나님이 그 이상을 요구하신다는 것을 알았다. 하나님은 나를 냉대하고 힘들게 한 그녀에게 먼저 다가가 위로해주기를 원하셨다. 그녀와의 문제에서 '범사에 순종'하기 위해서는 꼭 해야 하는 일이었다. 나도 인정했다. 하지만 본능은 그녀에게 잠깐 인사를 하는 것도 내키지 않았다. 그러나 하나님의 말씀과 명령을 거부하고 저항하는 내 모습은, 마음의 원한이 쓴 뿌리처럼 자리잡고 틈나는 대로 튀어나오도록 방치한 이가 바로 나라는 사실을 여지없이 보여 주고 있었다. 그리고 내가 그렇게 원했던 정말 중요한 어떤 것이 무시되고 있었다. 사탄이 꾸미는 계략이 바로 그것이었다.

그래서 결국 어느 화창한 날, 나는 음식을 준비하고 용서하는 마음으로 그녀의 집을 방문했다. 우리는 대화를 나누었고 함께 음식을 먹었다. 그리고 오직 성령만이 주시는 이해심과 따뜻한 말에 마음이 움직인 그녀는 내 앞에서 눈물을 터뜨렸다.

그날 내가 어떤 일을 알게 되었는지 아는가? 아마 놀라겠지만, 나 역시 놀랐다. 그녀의 태도에 지속적으로 상처를 입고 분노가 쌓인 사람은 분명 나였지만, 그녀 역시 이런 불화로 내내 마음이 지치고 괴로워했다는 사실이었다. 그녀는 자신이 불안감과 다른 문제로 계속 힘들게 싸웠고, 실제로 잠도 못 자고 식욕도 사라질 지경이었다고 털어놓았다. 게다가 나를 대하는 자신의 태도를 보고 다른 친구들이 거리를 두면서 점점 고립감을 느꼈고, 그 일이 큰 짐이 되었다고 했다. 나는 고린도후서 2장 7절에서 "너무 많은 근심"에 잠길 수 있다고 한 바울의 말을 깨닫기 시작했다. 그러나 이제 마음으로 용서하고 친절하게 먼저 다가간 행동을 통해 냉랭한 관계가 회복되었고, 더불어 우정을 망치고 그 과정에서 내 기도 생활마저 망치고자 한 적의 계략도 허사로 돌아가고 있었다.

그 다음에 무릎을 꿇고 하나님께 엎드렸을 때, 기도를 드려도 동굴 벽을 치고 흩어지는 듯한 외롭고 긴 시간이 드디어 끝나고 나는 하나님의 은혜가 새롭고 놀라운 방법으로 쏟아지는 경험을 했다.

그리고 더 이상 사탄에게 속지 않게 되었다.

대신 용서하게 되었다.

용서는 중요하다.

내 개인적인 경험이 별것 아닐 수도 있다. 특히 인생 자체가 달라질 정도로 심각한 학대나 상처, 모욕으로 고통당하고 있는 사람이라면 말이다. 물론 나 역시 이보다 더 심각한 어려움과 고난을 여러 차례 겪었다. 그러나 내 것처럼 작은 상처라도 사소하게 생각해서는 안 된다. 우리에게 가해지는 모든 공격에는 일정한 의도가 있다. 적은 우리가 계속 분을 품고 살기를 원한다. 그는 아무리 가벼운 상처라도 여기에 이용할 수 있다. 아름다운 얼굴 뒤로 원한을 품은 여자가 숨어 있기를 원한다. 우리 마음이 적개심의 굳은살로 뒤덮이기를 원하고 과거 때문에 공격을 받아 손상되기를 바란다. 용서하지 않는 마음은 우리를 '속이고자 하는' 그의 계략이다. 이렇게 해서 우리가 계속 상처 입고 피를 흘리게 하고, 나아가 기도의 능력이나 아버지와의 친밀함을 경험하지 못하도록 만든다.

살면서 이런저런 불의로 얼마나 상처를 입는지는 굳이 말할 필요가 없을 것이다. 심지어 학대나 모욕을 경험한 사람들이라도 다른 사람이 당한 거절과 상처를 완벽히 이해할 수 없다. 상처는 제 각각이고 자신만의 것이라 용서하는 게 불가능하게 보인다.

그러나 어떻게든 용서해야 한다. 용서가 쉬워서가 아니다. 용서하지 않으면 적이 원하는 대로 되기 때문이다. 용서하라. 건성으로 대충 하지 말고 진심을 다해 용서하라. 상대방을 위해서뿐 아니라 바로 자신을 위해 용서하라. 그래야 자유로워질 수 있고 온전하고 충만한 삶을 누릴 수 있다.

잠시 자리에 앉아 테이블 위로 손을 맞잡고 마주한 것처럼 내 말을 들어 보라. 자신에게 상처를 입힌 사람들을 용서하는 일에 거부감이 들고 결코 용서할 수 없다는 생각이 든다면, 스스로를 일방적인 피해자라고만 생각해서는 안 된다. 배후에 사탄이 있다. 그는 우리의 분노를 이용해 우리 영혼 깊숙이 침투하고 우리가 영적인 사망에 이르기까지 치밀하게 쉼 없이 움직인다. 우리의 기도 생활이 힘을 잃도록 활력을 완전히 빨아들이는 법을 꼼꼼히 계산해 자신의 전략에 반영한다. 우리의 모든 삶이 무기력해지도록 만든다. 그는 우리 삶을 망치는 이런 작업을 처음 시작한 존재이다. 사람들을 유혹하여 우리에게 해를 가하게 하고 악담을 하거나 우리에 대한 부정적인 생각을 심는 식으로 죄를 짓도록 한 이도 그였다. 혹은 시작은 하지 않았더라도 우리 인생의 어려운 상황이라는 마차에 올라타서 우리의 재정 상황이나 직업 혹은 우정에 영향을 미치고자 애를 쓰고, 우리 마음 깊숙한 곳까지 침투하는 일은 주도했을지 모른다. 일단 그렇게 할 수만 있다면 계속 마음을 왜곡하고 선동할 수 있다. 과거의 기억이나 스쳐 지나가는 생각만으로도 우리를 자극하고 할퀴어서 피를 흘리게 하고 새롭게 상처를 낼 수 있다.

  방심해서는 안 된다. 적은 이런 일을 하고 있다. 그는 구체적인 계략을 짜서 치밀하게 실천한다. 우리에게 한번 상처를 입히는 선에서 물러서지 않는다. 사건이 처음 발생했을 때, 학대를 받거나 무시를 당하거나 배신을 당했을 때, 고통스러워하는 우리를 보는 것으로 결코 만족하지 않는다. 그 이상을 원한다. 영구적인 손실을 원한다. 인격이 망가지기를 원한다. 하나님과 우리 자신과 다른 사람들, 심지어 진정 우리를 사랑하고 오직 잘되기를 바라는 사람들에 대해서도 우리 생각이 왜곡되기를 원한다. 되갚아 주고 복수하는 것 외에는 아무것도 의미가 없는 것처럼 생각이 편향되고 왜곡되기를 바란다. 적은 당신이 느끼는 것, 그 이상을 원한다. 화가 나서 씩씩거리는 것, 울음을 터뜨리는 것이나 눈에 보이는 반응으로 배출되는 대신 마음속에 들끓어서 억울한 눈물이 고여 썩어 가기를 원한다. 그래서 가쁜 숨을 내뿜게 하는 유해한 감정의 세균 배양용 접시가 만들어지기를 원한다. 용서하지 않는 마음을 계속 붙들고 있다가 영적인 생명이 악성 종양처럼 딱딱하게 굳어지기를 원한다. 생명의 징후가 사라지고 혼수상태가 되기를 원한다.

그러나 예수님 그분은 우리가 자유하기를 원하신다. 우리를 창조하신 목적도 여기에 있다.

그분은 "우리가 우리에게 죄 지은 자를 사하여 준 것 같이 우리 죄를 사하여 주시옵고"(마 6:12)라고 기도하도록 가르치셨다. 바로 두 절 뒤에는 "너희가 사람의 잘못을 용서하면 너희 하늘 아버지께서도 너희 잘못을 용서하시려니와"(14절)라는 결론에 해당하는 구절이 등장한다.

매우 익숙하지만 그 구절들을 다시 찬찬히 읽어 보라. 예수님의 이 말씀은 우리가 사람들에게 받은 상처를 다루는 방식과 하나님이 우리가 지은 죄를 다루시는 방식이 서로 연관되어 있음을 암시한다.

성경은 우리 구원(하나님과 함께함으로 영원히 안전한 것)이 오직 예수님이 십자가에서 이루신 일에 근거하고 있음을 강조한다. 우리가 우리에게 상처를 준 사람을 용서하려 애쓰거나 혹은 그렇지 않거나는 우리와 맺은 하나님의 은혜의 언약에 아무 영향도 주지 않는다. 그러나 다른 사람들의 죄를 용서하지 않고 계속 원한을 품을 때 아버지 되신 하나님과 함께 누리는 교제에 방해를 받게 된다. 형제의 죄를 용서하지 않으면 우리를 이용하고자 하는 사탄의 영향력과 활동을 가장 활발하게 하는 위치에 서게 된다(마태복음 18장 21-35절에서 용서하지 않은 종의 비유를 살펴보라). 당신이 붙잡고 있는 것이 하나님이 자비하심으로 주시고자 한 자유를 약화시키고 사라지게 한다면 과연 그것은 계속 붙들고 있을 만한 가치가 있을까?

하나님은 죄를 다루는 방법을 알고 계신다. 우리의 죄나 그들의 죄나 마찬가지다. 누군가를 용서한다고 해서 아무 일도 일어나지 않은 것처럼 그들이 지은 죄가 사라지는 게 아니고 그들이 저지른 일에 면죄부를 주는 것도 아니다. 그저 이 상황에서 정의를 실행하는 문제에 대해 판사와 배심원이 되는 두 가지 부담을 덜어 내자는 것이다. 누군가가 우리의 압박감과 짐을 덜어 줄 때 거부할 이유가 있는가? 그분은 당신이 무슨 일을 하는지 실제로 아시며 그 일에 대해 우리와 대화하려고 지금 기다리고 계신다.

그분의 용서는 곧 우리의 자유를 말한다.

그렇다. 그분의 용서로, 그분이 우리를 용서하심으로 우리는 다른 사람들을 용서할 수 있다. 우리는 이미 용서라는 광대한 푸른 바다에서 편안히 쉬고 있음을 잊지 말라. 예수님의 피로 구속함을 받은 사람은 모두 이 바다에서 쉬고 있다. 그러므로 적이 우리 안에서 불타오르도록 하는 모든 분노와 증오심, 원한, 적개심의 불을 다 끄고도 남는 그분의 용서하심이라는 물이 사방에서 찰랑거리고 있다. 그리스도의 구속으로 우리가 어떤 은혜를 입었는지 기억하면 다른 사람을 용서할 마음이 더욱 간절해질 것이다.

"그는 허물과 죄로 죽었던 너희를 살리셨도다 … 긍휼이 풍성하신 하나님이 우리를 사랑하신 그 큰 사랑을 인하여 허물로 죽은 우리를 그리스도와 함께 살리셨고"(엡 2:1, 4-5). 여기서 출발하면 이미 큰 사랑을 풍성히 받았음을 알게 되고 다른 사람들을 더 확실하게 사랑할 수 있다.

용서의 저편에는 진정한 자유와 새롭게 회복된 열정이 기다리고 있다. 용서할 마음이 전혀 내키지 않는다 해도 기도하면 놀랍게도 용서할 힘이 생긴다. 하나님의 말씀의 살아 있는 진리에 감전되면, 열정적인 기도라는 굴착기로 하나님의 능력 깊숙한 곳까지 파고 들어갈 수 있다. 그리고 나를 고통스럽게 한 사람을 용서하는 데 필요한 모든 결의를 퍼 올릴 수 있다. 하나님은 우리의 자녀나 손주나, 우리가 분노할 때 그 반경 안에 있다는 것 외에는 우리가 분노하는 문제와 전혀 상관 없는 이들에게 상처를 주기 전에 치유가 절실한 곳을 고칠 수 있으시다. 막다른 끝이 결국 이들에게 상처를 줄 뿐인 무너진 옛길로 가기 전에 우리는 하나님의 치유를 맛볼 수 있다.

기도하면 진실을 깨닫는다. 과거에 당한 일의 진실 말인가? 그렇다. 실제로 그 일이 일어난다면 말이다. 기도로 하나님과 대면한다고 실제로 일어난 일과 세세한 사실들이 달라지지는 않는다. 그러나 다른 여러 사실의 조각들도 수면으로 드러날 것이다. 우리가 어떻게 상황을 다루어야 할지에 관해 성령과 성경이 합의된 내용을 내보이시기 때문이다. 물론 적은 여기서 우리가 머뭇거리기를 원할 것이다. 그는 이런 해결책들을 우리가 못 보게 가리고, 분노와 원한이 상황을 처리할 가장 생산적인 보호 방안이라고 믿게 만들려고 공을 들여 왔다. 그러나 열린 마음으로 하나님의 말씀에 의지해 정직하게 기도하면 반드시 진리를 선물로 받을 것이다.

그날 내가 고린도후서에서 진리를 발견했듯이.

용서하라.

그리고 위로하라.

주님이 당신에게 상처를 준 사람을 위로하라고 요구하시는가? 그럴 수도 있고 그렇지 않을 수도 있다. 답은 한 가지로 정해져 있지 않다. 선의의 의사 표현이 항상 필요하다거나 혹은 가능하다고 단정적으로 말할 수는 없다. 그리고 사실 그렇게 한다고 반드시 긍정적인 반응을 이끌어 내리라는 보장도 없다. 그러나 주님이 요구하신다면 기꺼이 상대방을 찾아가 화해의 손을 내밀고 미소짓고 경청하며 관용을 베풀고 관심을 보이는 순종의 자세를 보여야 한다. 이것은 하나님의 뜻대로 기꺼이 복종하며 겸손할 수 있는지를 시험하는 중요한 잣대가 된다. 누군가를 용서해야 한다는 마음이 분노의 뿌리보다 더 깊이 뿌리내렸는지 확인하는 방법인 것이다.

무엇보다 이렇게 하면 절대 '사탄에게 속을' 일이 없고 '그의 계략에 무지한' 사람이 아님을 공식적으로 드러낸다.

진지하면서도 열정적인 기도를 드리고 싶다면 성경은 언제나 우리를 이 길, 용서라는 길로 인도할 것이다. 방법이나 형식은 다를 수도 있지만, 용서는 하나님의 명령이다. 용서는 또한 하나님이 용서할 힘을 함께 주신다는 약속을 동반한다. 상황을 더 악화시킬 요량이 아니라면 다른 해결책이 있으리라는 기대는 접어 두라. 용서하지 않고서 자유와 평강 혹은 분노에서 벗어나 안식할 수 있으리라는 것 또한 기대하지 말라.

기도의 요청

하나님의 말씀은 우리 기도 전략에 반드시 반영해야 할 중요한 부분이다. 어쩌면 이 전략은 우리에게 상처를 준 사람에게 유리하게 작용할 수도 있다. 그러나 우리에게 유익한 전략이라는 사실은 너무나 자명하다.

바로 자유다.

"그리스도께서 우리를 자유롭게 하려고 자유를 주셨으니"

(갈 5:1). 앞에서 이 구절을 인용한 적이 있지만 어떤 상황에서든 되풀이할 만한 가치가 있다. 이번에는 내가 더 말할 필요가 없도록 밑줄을 쳐 보라. 나는 십대 시절과 대학 시절을 거쳐 지금까지 늘 이 구절을 마음에 되새기며 살아왔다. 이 말씀은 사탄이 내 마음을 침투하기 위해서는 반드시 넘어야 할 일종의 담벼락처럼 든든한 보호막이 되어 주었다. 한번 더 강조하고 싶다. "그리스도께서 우리를 자유롭게 하려고 자유를 주셨으니." 자유롭게 하시려고 그는 우리가 자유롭기 원하신다.

상처 입고 학대당하는 사람들을 향해 예수님이 얼마나 여러 차례 사랑을 베푸셨는지 아는 대로 떠올려 보라. 그분은 친히 모욕을 받으시기까지, 잔인한 고문과 죽음을 당하시기까지 사랑의 모범을 보여 주셨다. 왜 그렇게 하셨는가? 이 말씀에 답이 있다. "주의 성령이 내게 임하셨으니 … 포로 된 자에게 자유를, 눈 먼 자에게 다시 보게 함을 전파하며 눌린 자를 자유롭게 하고"(눅 4:18).

우리를 자유롭게 하려고 그렇게 하셨다.

썩어 악취 나는 마음의 방에 신선한 공기를 불어넣으시려고, 원한을 품고 용서하지 않아서 영적인 음식을 먹고 싶은 의욕이 다 사라져 버린 우리를 회복시키시려 그렇게 하셨다.

우리를 자유하게 하시려고.

사탄이 악화시키려고 더 이상 노력하지 않아도 되는 마음처럼 우리 인생에 절망적인 상태는 없다. 그러나 "인자한 자는 자기의 영혼을 이롭게" 한다(잠 11:17). 그러므로 이런 진리에 비추어 자유와 용서의 기도 전략을 짜야 한다.

> "서서 기도할 때에 아무에게나 혐의가 있거든 용서하라 그리하여야 하늘에 계신 너희 아버지께서도 너희 허물을 사하여 주시리라"(막 11:25).

> "너희는 모든 악독과 노함과 분냄과 떠드는 것과 비방하는 것을 모든 악의와 함께 버리고 서로 친절하게 하며 불쌍히 여기며 서로 용서하기를 하나님이 그리스도 안에서 너희를 용서하심과 같이 하라"(엡 4:31-32).

> "내 사랑하는 자들아 너희가 친히 원수를 갚지 말고 하나님의 진노하심에 맡기라 기록되었으되 원수 갚는 것이 내게 있으니 내가 갚으리라고 주께서 말씀하시니라 네 원수가 주리거든 먹이고 목마르거든 마시게 하라 그리함으로 네가 숯불을 그 머리에 쌓아 놓으리라 악에게 지지 말고 선으로 악을 이기라"(롬 12:19-21).

"분을 내어도 죄를 짓지 말며 해가 지도록 분을 품지 말고 마귀에게 틈을 주지 말라"(엡 4:26-27).

"모든 사람과 더불어 화평함과 거룩함을 따르라 이것이 없이는 아무도 주를 보지 못하리라 너희는 하나님의 은혜에 이르지 못하는 자가 없도록 하고 또 쓴 뿌리가 나서 괴롭게 하여 많은 사람이 이로 말미암아 더럽게 되지 않게 하며"(히 12:14-15).

"너희 원수를 사랑하며 너희를 박해하는 자를 위하여 기도하라 이같이 한즉 하늘에 계신 너희 아버지의 아들이 되리니"(마 5:44-45).

"그러므로 너희는 하나님이 택하사 거룩하고 사랑 받는 자처럼 긍휼과 자비와 겸손과 온유와 오래 참음을 옷 입고 누가 누구에게 불만이 있거든 서로 용납하여 피차 용서하되 주께서 너희를 용서하신 것 같이 너희도 그리하고"(골 3:12-13).

"만일 하루에 일곱 번이라도 네게 죄를 짓고 일곱 번 네게 돌아와 내가 회개하노라 하거든 너는 용서하라"(눅 17:4).

"너희 죄가 그의 이름으로 말미암아 사함을 받았음이요"(요일 2:12).

아버지의 어깨는 우리가 기대어 울어도 될 만큼 넓다. 상하고 깨진 마음 깊은 곳에서 어떤 탄식의 울음을 쏟아내더라도 측은히 여기고 받아 주실 정도로 강하고 든든하다. 묵은 상처와 아픔이라는 위험한 수렁에서 우리를 건져 올려 "발을 반석 위에" 두시고 우리 입술로 "새 노래"를 부르게 하신다(시 40:2-3).

- 찬양(P) : 값싼 위로를 주시는 대신 우리 자유를 위해 싸우시는 그분을 찬양하라.
- 회개(R) : 용서하지 않는 마음을 품었던 것에 주님께 용서를 구하라. 증오심, 원한, 사람들에 대해 화를 품고 저지른 악한 행동을 고백하라. 우리 죄를 용서하심을 느낀다면 다른 사람들에게도 용서의 손을 내밀라.
- 요청(A) : 당신에게 상처를 준 사람들의 이름을 기록하라. 그런 다음 진심으로 용서하고 그들이 저지른 잘못을 면제해줄 마음을 주시길 구하며 그들의 이름을 크게 소리 내어 말하라.
- 약속의 확인(Y) : 하나님의 성령이 강권하시는 대로 적극적으로 순종하겠다고 결단하라.

기도의 골방에서 향긋한 용서의 향내가 풍긴다.
용서와 자유의 달콤한 향기가 코끝을 간지럽힌다.

전략 10

관계

—

하나 됨으로 화평을 누리라

—

내가 당신의 적이라면 당신과 다른 그리스도인들, 그리스도인 단체들 간에 불화가 일어나도록 작업을 벌일 것이다. 나와 내 계획에 맞서 함께 대항할 가능성이 있는 그리스도인들이라면 누구라도 서로 불화하도록 만들 것이다. 교회의 필요성을 보지 못하고 계속 개별적으로 행동하거나 교회의 사명에 과도하게 집착하도록 만들 것이다. 많은 수가 함께 뜻을 하나로 모으는 일들이 아무 방해 없이 그대로 진행되도록 결코 두고 보지 않을 것이다.

'아군 사격'(Friendly fire)은 군인 사회에서 사용되는 용어로 군인들이 임무 수행 중 아군에 의해 죽거나 다치는 경우를 이른다. 다수의 국방부 보고서에 따르면 전쟁 중 사망자와 사고로 인한 사망자 가운데 아군 사격으로 인한 사망자가 20퍼센트에 이르며 심지어 이보다 수치가 더 높은 경우도 있다고 추정한다. 정갈하게 군복을 차려입은 군인들이 찾아와 사랑하는 이의 사망 소식을 전할 때, 남편 또는 아들이 아군의 오인 사격에 사망했다는 소식을 듣고 홀로 남은 젊은 미망인이나 부모의 심정이 얼마나 참담하고 허망할지 생각해 보라. 나라를 지키다 전사했다고 하지만 아군의 총에 맞아 사망했다니. 그 황망함과 허무함이란. 무의미한 죽음을 당했다는 사실에 상실의 고통은 더욱 더 심해질 것이다.

슬프게도 이런 유형의 비극은 낯선 타국의 전쟁터에서만 벌어지는 일이 아니다. 이런 일은 우리가 발 딛고 사는 곳에서도 너무나 자주 벌어지고 있다. 군대의 사상자 수는 같은 신자들이나 마땅히 함께 힘을 합쳐 싸워야 할 사람들 때문에 마음에 상처를 입고 영혼의 부상을 당한 이들에 비하면 아무것도 아니다. 그들은 우리와 맞서 싸워야 하는 적이 아니다. 그들은 사랑의 증표를 주고받은 연인이거나 비밀을 털어놓았던 평생지기이거나 함께 교회에서 만나는 교인일 수도 있다.

그러나 이런 일이 우연히 일어난 사건이라 볼 수 없다. 교회나 가장 가까운 관계에서 발생하는 아군 사격의 배후에는 예외 없이 적이 있다. 그는 우리가 서로 반목하도록 이간질하며 반대 진영으로 갈리어 담장을 높이 쌓고 분열하도록 만들 수만 있다면 자신의 작전이 성공할 가능성이 획기적으로 높아진다는 것을 알고 있다. 우리는 적이 침투할 가능성이 있는 통로들을 그대로 방치해서는 안 된다.

그러므로 가장 중요한 전략 중 하나이자 가장 간절한 기도가 필요한 부분은, 관계에서 생기는 모든 형태의 불화와 반목에 맞서 하나님의 백성들이 서로 하나가 되어 전쟁에 나서는 것이다. 이 싸움은 주님이 함께하셔야 하고 또한 서로 함께 힘을 합쳐야 가능하다. 복음을 공유하게 된 이상 성결한 삶과 영적인 열정을 유지하도록 독려하며 계속 함께 나누어야 한다. 그렇게 서로 사랑하며 풍성하게 하는 관계를 통해 복음의 빛을 세상 사람들에게 비출 수 있다.

함께하면 강한 군대가 될 수 있다. 사탄은 이 사실을 안다. 우리가 끝까지 마음을 모으고 단결하면 그는 이 사실을 더욱 실감하게 된다.

신앙 생활의 원대한 목적은 우리의 개인적인 싸움이나 영역 다툼의 수준을 훨씬 넘어선다. 적은 우리가 밝히는 작은 촛불 하나는 꾸준히 관리하면 심지를 잘라 낸다 하더라도 도리어 뜨거운 열기를 발산하여 그에게 심각한 손상을 입힐 수 있음을 안다. 기도의 골방을 넓혀 우리가 관계를 맺는 사람들과 교회 공동체를 위해 기도하면 갑자기 그의 작전 본부에 통제되지 않는 불꽃이 튀고 긴급 사이렌이 울리며 비상 사태가 선포된다.

그는 하나님의 백성들이 연대할 때, 부부나 가족, 지역 교회는 물론이고 온 세상의 교회가 한마음을 이룰 때를 소름 끼치도록 싫어한다. 증오한다. 우리가 서로의 필요와 가능성, 선교, 하나 됨을 위해 모두 기도하고 주위 사람들이나 가장 가까운 이들을 위해 주의 보좌로 나아가는 때를 견디지 못한다.

적의 작전을 철저히 무력하게 할 하나님의 지상 사역의 증표, 진정한 핵심은 배경과 경험, 성격, 인종, 전통이 제각기 다른 사람들이 함께 이루어 내는 신비로운 연합이다. 차이들이 있으면 하나님 나라의 대의를 위해 서로 협력하거나 서로 믿음이 자라도록 돕고 끝까지 견디는 것은 물론이고 함께 공존하는 것조차 쉽지 않을 것이다. 게다가 이런 다양한 차이들이라면 아군 사격이 불가피하거나 심지어 당연한 것처럼 보일지 모른다.

성경은 이런 서로 간의 자연적인 장벽들을 "막힌 담"(엡 2:14)이라고 부른다. 그러나 복음의 능력은 이 모든 것을 바꿀 수 있다. 막힌 담이 무너지고, 서로 반목하고 싸우게 할 분열의 모든 원인들이 해결된다. 이제 우리가 할 일은 복음을 굳게 붙들고, 서로에게 총구를 겨누는 아군 사격으로 내부에서부터 우리의 연대가 손상되는 것을 막는 것이다.

그러나 진지하게 구체적이고 전략적으로 하나 됨을 위해 기도하지 않는다면 하나 되고자 하는 우리 소망이 변덕스러운 날씨처럼 감정적인 동요, 오해, 외부적인 원인과 환경으로 받는 압력에 좌우되도록 방치하는 꼴이 된다. 적이 빈틈을 찾아내고 우리 관계에 균열이 발생하도록 침투할 빌미를 줌으로써 건강과 균형, 진정성을 지키는 데 가장 필요한 사람들과 분리되고, 관계들이 풍성하게 되는 데 필요한 공동의 에너지와 아이디어를 얻지 못하게 될 것이다.

기도는 우리 안에 일어나는 마찰과 갈등에 윤활유 역할을 함으로써 자연스럽게 발생하는 삶의 마모 현상으로 서로 반목하거나 충돌하는 것을 막는다. 기도로 우리는 관계의 윤활작용을 유지하며 상호 간에 하나로 조화를 이루는 소통을 지속할 수 있다. 기도는 더 중요한 문제, 훨씬 더 영원한 것들에 집중하도록 도와준다. 그럴 가치가 없음에도 실제보다 위험성이 과장된 사소한 문제에 집착하지 않게 해 준다. 기도로 우리는 어렵게 싸워 얻은 화평을 누리며 그리스도의 군사로 하나가 된다.

화평(Peace). 우리의 영적인 사전에서 이 단어의 중요성을 살펴보고 넘어가도록 하자. 화평, 적은 이 화평을 무너뜨리는 데 목숨을 건다. 또한 이와 유사한 것이라면 무엇이든 망가뜨리기 위해 밤이 늦도록 일한다. 이 화평이 우리에게 어떤 역할을 하기에 이토록 두려워하는가?

먼저 성경 말씀을 살펴보자. 성경은 "그러므로 우리가 믿음으로 의롭다 하심을 받았으니 우리 주 예수 그리스도로 말미암아 하나님과 화평을 누리자"(롬 5:1)라고 말한다. 하나님과 화평을 누린다. 더 이상 정죄당할까 봐 두려워하지 않는 것이다. 자유롭게 그분과 우리 사이를 오갈 수 있는 것이다. 그러므로 하나님과의 사이에서 화평이 사라진 듯하다면 모두 하나님이 아닌 다른 데 그 이유가 있다. 하나님은 우리가 당신과 온전한 화평을 누리지 못하게 막는 모든 문을 이미 다 무너뜨린 분이시기 때문이다.

원 스트라이크. 적은 우리가 하나님과 화평을 누리는 것을 싫어한다.

그가 더 두려워하는 것은 우리가 하나님과 화평을 누리므로 우리 삶에서 하나님의 화평을 맛보는 것이다. 이것은 도무지 평안을 누릴 수 없는 상황에서도 흔들리지 않고 강건하도록 우리를 지켜 주는 힘이다(요 14:27; 16:33). 또한 우리를 향한 하나님의 뜻과 인도하심을 분별하도록 돕는 안내자 역할을 한다(골 3:15). 하나님의 화평은 우리가 하나님의 뜻대로 항해하도록 도와준다.

투 스트라이크. 적이 싫어하는 것이 또 있다.

공식적으로 그에게는 이 상황이 더 나쁘다. 다루기 더 벅차다. 새로운 몸의 지체들이 등장한다. 더 이상 통제 불가능한 상황이 눈앞에 있다.

그렇다면 여기에, 그가 친구들과 교회들을 분열시키기 위해 필사적으로 노력하는 이유가 있다. 세 번째 스트라이크를 막아보려는 절박한 몸부림이다. 아시다시피 하나님과의 화평은 개인적이다. 하나님의 화평 역시 개인적인 차원이다. 제삼자가 아닌 나 자신의 개인적인 문제다. 그러나 다른 이들과의 화평이라면? 이제 우리는 다수의 목격자들을 두게 되었다. 무리 지어 작전을 벌일 수 있다. 수적인 열세에서 벗어날 수 있다. 이런 상황이라면 그에게 우리는 그 어느 때보다 골치 아픈 존재가 된다.

자석처럼 사람들을 어둠에서 이끌어 예수 그리스도의 빛과 소망으로 향하도록 하는 것은 귀로 듣는 나열식 전도 방식이 아니라 직접 그들이 눈으로 확인하는 방식이다. 전도 대상자들은 하나님과 직접 화평을 누린다는 사람들에게서 변화와 차이를 목격하고 복음을 받아들인다. 서로 용서하는 친구들, 서로 간의 관계로 감동을 주는 그리스도 안의 지체들, 열정적인 헌신과 하나 됨으로 서로를 사랑하는 부부, 차이 때문에 논쟁하기보다 서로의 공통점을 누리는 것으로 유명한 교회와 교파들. 이들은 외로움과 고통과 절망에서 벗어나 그리스도를 통해 하나님과 화평을 누리도록 사람들을 가장 잘 설득할 수 있는 사람들이다.

그러므로 사탄이 온갖 다른 관계에서, 그리스도인들이 서로 소통하는 곳에서 성도의 하나 됨을 망가뜨리려 한다 해도 놀랄 필요가 없다.

적은 지역 교회를 상대로 이 작업을 벌인다. 목회자의 설교나 시간 관리, 리더십 방식 혹은 병상에 누운 신자를 위로하는 방식이 형편없다고 생각하는 교인들이 분란을 일으키도록 부채질한다. 예배 음악을 트는 문제나 성가대에서 솔로를 지명하는 방식으로 분란을 만든다. 노년과 청년층을 이간질하고 보수주의자와 진보주의자 혹은 사립학교에 다니는 아이들과 공립학교에 다니는 아이들이 서로 반목하도록 만든다. 다양한 영적인 은사를 교회의 유익을 위해 마음껏 활용하고 드러내기보다 각기 서로가 직접적인 경쟁 관계에 있는 것처럼 사람들의 생각을 몰아간다. 분열, 반목, 아군 사격. 이 모든 것이 평안의 매는 줄을 끊는 훼방꾼들이다.

여기서 나아가 적은 세계 교회를 상대로 이 작업을 한다. 인종, 경제, 상대적으로 중요하지 않은 문제들에 대해 교리적인 입장이 첨예하게 갈리도록 만들어 그리스도의 몸에 속한 신자들끼리 돌이킬 수 없는 참호전을 벌이도록 만든다. 이렇게 서로 자기 입장을 고수하며 반목하면 결국 복음의 목소리는 더욱 사그러들 수밖에 없다.

또한 개인적인 관계 속에서도 그는 이런 작업을 한다. 마음으로 견고한 결속을 이루는 사람들, 함께 영적인 전투에 참여하는 공동체, 사명에 계속 집중하고 표적을 망각하지 않도록 도와주며 신앙적으로 큰 영향을 주는 사람들, 또한 동시에 당신에게 의존할 가능성이 높은 사람들을 생각해 보라. 배우자, 가장 가까운 친구, 서로 책임을 져 주는 파트너, 제자 훈련 모임 참가자들에 대해 생각해 보라. 이들과 공유하는 깊은 유대감이 무너지고 있음을 감지한 적이 있는가? 그들과 그동안 서로 나누었던 관심과 헌신이 때로 피곤하게 생각되고 축복이기보다 오히려 간섭처럼 여겨질 때는 없는가? 때로 전화를 걸지도 말고 무엇을 요구하지도 말길 바라거나 스스로를 어떻게 관리하는지 점검하면 부담스럽지는 않은가? 다른 사람들에 대해 부정적인 소문을 전하거나 그런 이야기에 마음이 솔깃해지고 더 듣고 싶지는 않은가? 그러면서 그런 이야기를 한 사실이나 그 이야기를 너무나 흥미롭게 듣고 반응했다는 사실을 그들이 모르기를 바라지는 않는가?

우리가 이런 습관이나 태도에 얼마나 쉽게 빠질 수 있는지 새삼 생각해 본다. 그러나 스스로나 다른 사람에게서 그런 태도나 습관이 드러나는 것을 감지할 때마다 대적에게 농락당하고 있다는 사실을 기억하라. 그는 작전 교본에 기록된 모든 계략을 다 동원하고 있다. 우리가 행여 몸을 풀고 화평의 속구를 심장부 바로 위로 던질까 봐 온갖 방해를 하고 있다. 공이 그곳으로 날아가면 그는 서서 빠르게 스쳐가는 공을 속수무책으로 바라볼 수밖에 없다. 그는 목표물이 밖으로 낮게 떨어져서 과녁을 맞추지 못하고 1루로 진출해서 경기를 계속하기를 바란다. 오래 싸울 기회를 가능한 한 빼앗기지 않기를 원한다.

그가 문제를 일으키지 못하게 막는다면 우리 중에 상처받은 마음을 버리지 못하거나 용서하지 못해 괴로워하고 남을 험담하거나 완전히 새로운 친구들을 찾아야하겠다는 필요성을 느끼는 사람은 없을 것이다.

그는 우리 팀이 한마음으로 경기하지 못하도록 방해하는 주범이다.

그리고 그런 그에게 우리는 세 번째 스트라이크를 던진다.

그리고 그를 아웃시킨다.

기도의 요청

이 열 번째 전략에 대해 개인에게 맞춰진 접근 방식을 계발하려는 이 시점에, 먼저 적이 우리의 핵심 관계들을 망치려고 사용하는 분열과 반목의 가장 공통된 도구들을 확인하는 작업이 필요하다. 야고보서 3장 14-16절은 이것을 시작하기에 아주 좋다. 이 구절은 조금도 주저하지 않고 실상을 지적한다.

> 그러나 너희 마음속에 독한 시기와 다툼이 있으면 자랑하지 말라 진리를 거슬러 거짓말하지 말라 이러한 지혜는 위로부터 내려온 것이 아니요 땅 위의 것이요 정욕의 것이요 귀신의 것이니 시기와 다툼이 있는 곳에는 혼란과 모든 악한 일이 있음이라(약 3:14-16).

시기는 다른 사람의 성공이나 성장을 인정하고 싶지 않고 그 사람에게 뒤처지고 싶지 않다는 생각이다. 독한 마음(다툼, 개역개정)은 도무지 참기 어려울 만큼 싫어하는 감정으로 변질될 때까지 마음속에 끓어오르는 부정적인 생각이다. 이기적인 욕망은 다른 이들을 지배하거나 다른 누군가, 심지어 사랑하는 사람에게라도 지지 않겠다는 마음이다. 교만은 서로 의견이 다를 때 무조건 자신이 옳다고 생각하는 것이다. 이외에도 수많은 이유들을 들 수 있다. 그러나 이 상한 열매의 근본 원인들에 대한 야고보의 해석은 매우 포괄적이다. 이것들이 결국 "혼란과 모든 악한 일"로 이어지는 이유는 위에서부터 하나님께로부터 온

덕성이라는 표식이 조금도 없고 오히려 "땅 위의 것이요 정욕의 것이요 귀신의 것"이기 때문이다.

사탄의 왕국에서 직접 온 것이기 때문이다.

그러므로 우리가 아는 사람들이나 함께 예배를 드리는 성도들 간에 소외감과 무례한 태도를 조장하는 것이 무엇이든 잠시 물러나서 생각해 보자. 그러면 장담컨대 사탄이 개입한 흔적을 찾아낼 수 있을 것이다. 그는 우리의 연합을 해치는 데 큰 판돈을 걸었다. 그리고 우리를 그의 수하로 만들 수는 없어도 그와 다름없는 일을 하도록 유혹할 수는 있다. 그의 계략을 밝히는 데 주력했으므로 이제 우리는 진리를 큰 석고 문자로 떠서 누구나 보고 기도하도록 해야 한다. 그래서 우리나 다른 사람들 안에서 벌어지는 그의 행동을 단번에 저지할 수 있어야 한다. 그가 벌이는 계략은 오직 우리의 평강과 하나 됨의 줄에 구멍을 내고 한마음으로 이루어 내는 행진을 지연시키는 데 일차적인 목적이 있다.

그러므로 오늘부터 평강을 위한 기도 전략을 짜고 우리와 사랑하는 이들이 마음의 평강을 이루도록 해야 한다.

"그리스도의 평강이 너희 마음을 주장하게 하라 너희는 평강을 위하여 한 몸으로 부르심을 받았나니"(골 3:15).

"그러므로 우리가 화평의 일과 서로 덕을 세우는 일을 힘쓰나니"(롬 14:19).

"이는 우리가 이제부터 어린 아이가 되지 아니하여 사람의 속임수와 간사한 유혹에 빠져 온갖 교훈의 풍조에 밀려 요동하지 않게 하려 함이라"(엡 4:14).

"자녀들아 우리가 말과 혀로만 사랑하지 말고 행함과 진실함으로 하자"(요일 3:18).

"그런즉 우리가 다시는 서로 비판하지 말고 도리어 부딪칠 것이나 거칠 것을 형제 앞에 두지 아니하도록 주의하라"(롬 14:13).

"헛된 영광을 구하여 서로 노엽게 하거나 서로 투기하지 말지니라"(갈 5:26).

"서로 돌아보아 사랑과 선행을 격려하며 모이기를 폐하는 어떤 사람들의 습관과 같이 하지 말고 오직 권하여 그 날이 가까움을 볼수록 더욱 그리하자"(히 10:24-25).

"보라 형제가 연합하여 동거함이 어찌 그리 선하고 아름다운고 머리에 있는 보배로운 기름이 수염 곧 아론의 수염에 흘러서 그의 옷깃까지 내림 같고 헐몬의 이슬이 시온의 산들에 내림 같도다 거기서 여호와께서 복을 명령하셨나니 곧 영생이로다"(시 133:1-3).

"마음을 같이하여 같은 사랑을 가지고 뜻을 합하며 한마음을 품어 아무 일에든지 다툼이나 허영으로 하지 말고 오직 겸손한 마음으로 각각 자기보다 남을 낫게 여기고 각각 자기 일을 돌볼뿐더러 또한 각각 다른 사람들의 일을 돌보아 나의 기쁨을 충만하게 하라"(빌 2:2-4).

"몸 가운데서 분쟁이 없고 오직 여러 지체가 서로 같이 돌보게 하셨느니라"(고전 12:25).

하나님의 자녀들의 기도로 유지되는 하나님의 화평은 서로가 함께 우정을 가꾸며 사명에 하나되는 모습으로 나타나야 한다. 그럴 때 주위 사람들이 그 모습을 보고 주목할 뿐 아니라 교회를 통해 하나님의 지혜를 "하늘에 있는 통치자들과 권세들에게"(엡 3:10) 선언하게 된다. 형제 자매들의 하나 됨을 보면 사탄은 즉각 경계 태세에 돌입한다.

그래서 우리는 더욱 간절히 깨어 기도하며 서로 격려하고 불쌍히 여기는 마음을 품어야 한다.

하나 됨을 더욱 추구해야 한다.

에필로그

아멘

망설임.

첫날 그 문을 들어서면서 느꼈던 마음이다.

한 지인이 같은 동네의 교인 집에서 모이는 성경공부 모임을 추천해 주었다. 우리 교회와 관계 없는 모임이었고 심지어 우리 교파에 속한 모임도 아니었다. 그러나 나는 하나님과 더 깊이 교제하고 싶다는, 그분을 더 온전히 체험하고 싶다는 새로운 갈증이 있다고 가까운 친구들에게 줄곧 이야기해 온 터였다. 주님을 더 직접적으로 만나고 싶었다. 그런 막연한 감정들이 정확히 무엇인지 확실하지는 않았지만, 신앙 생활이 가로막힌 듯했고 불안감을 느끼고 있었다. 친구들은 내게 필요한 것이 정확히 이런 분위기의 모임이라고 나를 계속 설득했다. 그러나 첫날 이 집으로 들어설 때까지도 원하는 경험을 할 수 있을지 여전히 미심쩍었다.

그 사람들은 뭔가 달랐다. 최소한 그동안 함께 성경공부를 해 왔던 사람들과는 달랐다. 그러나 그냥 다른 게 아니라 매우 긍정적인 면에서 특별했다. 어디에서 이런 인상을 받았는지, 어떤 점이 그렇게 흥미로웠는지 정확히 꼭 집어 말하기는 어렵다. 처음 보는 낯선 사람의 집에서 성경공부에 참석하는 것이 올바른 결정인지 확신이 서지도 않았다. 나는 이 사람들에 대해 아는 바가 없었고 이들도 나를 몰랐다. 하지만 이상하게 예전부터 알던 사이처럼 친숙한 마음이 들었다. 그리고 기왕 이 모임에 참석한 이상 어떤 면이 그렇게 특별한지 직접 확인하는 것이 올바른 선택일 것이라는 생각이 들었다.

나는 한쪽 구석에 조용히 자리를 잡고 앉았다. 몇 사람이 정중하게 미소를 지으며 알은체를 했다. 목례를 하며 인사를 하는 이도 있었다. 나는 잠시 주위를 둘러보았고 곧 모임이 시작되었다.

그것을 모임이라고 한다면 말이다.

실제로 아무 순서도 진행되지 않았다. 공식적으로는. 앞 중앙에 서서 모임을 이끄는 이가 없었다. 환영 인사도 없었고 소개도 하지 않았다. 성경을 낭독하지도 않았다. 단지….

거룩한 침묵만이 이어졌다. 잔잔한 예배 음악이 흘러나오고 참석한 모든 사람들 사이로 깊은 침묵이 이어졌다. 그중 몇 사람은 조용히 무릎을 꿇고 눈을 감은 채 얼굴을 약간 치켜들고 두 손을 올리거나 손을 맞잡기도 했다. 의자나 소파에 가만히 앉아 있는 이들도 있었고 몇 사람은 바닥에 바짝 엎드려 상당한 공간을 차지하기도 했다. 꼬박 한 시간 동안 이 사람들은 기도 외에는 아무것도 하지 않았다. 내가 경험해 보지 못한 개인적이고 열정적인 기도였다. 누구도 더 중요한 일이 있거나 일을 하러 가야 할 것처럼 서두르는 기색이 없었고 지루해 하지도 않았다.

이 일, 기도를 위해 이 집에 왔기 때문이다. 이렇게 예배하고 기도 드리는 분위기가 점점 무르익는 가운데 그곳에 앉아 있은 지 20여 분이 흘렀다. 너무나 평화로우면서도 열정이 넘치는 가운데 눈물이 내 얼굴을 타고 흘러내리기 시작했다. 하나님의 강력한 임재하심이 그곳을 휘어잡았고 내 영혼은 새로운 자유와 확고한 믿음의 파도로 출렁거렸다. 그러면서 처음 이 방에 들어섰을 때 막연히 느낀 아름다운 차이점이 무엇인지 이해가 되었다.

이 사람들은 기도에 집중하기로 결단한 사람들이었다.

책을 마무리하면서 이 이야기를 하는 두 가지 이유가 있다. 첫째는 진지하게 기도에 열중하는 곳에 함께 있을 때, 거기에서 뿜어져 나오는 열기에는 엄청난 전염성이 있다는 점이다. 가만히 있어도 기도의 열기에 동화된다. 같이 기도하고 싶은 마음이 생긴다. 짧지만 여기까지 독자들과 이 여정을 함께하면서 그동안 드린 기도와 앞으로 벽이나 게시판이나 태블릿 PC에 적어서 읽고 또 읽으면서 드리게 될 기도를 생각해 본다. 그 아름다운 기도가 실제로 주님 앞에 피운 향처럼 내 마음속에 향기롭게 떠다니는 것 같다. 그런 상상을 하는 것이 즐겁다. 우리가 그동안 나눈 것이나 지금 나누는 내용을 생각만 해도 좋다. 우리가 기도에 전념하고 있다는 사실을 확인하는 것이 좋다.

오래 전, 그 당시에는 몰랐지만 이제 이 마지막 장을 쓰면서 그 특별한 경험을 돌이켜 볼 때 너무나 선명하게 깨닫게 되는 것이 있다. 두 번째 이유다. 그 첫 모임(그 뒤로 7년을 빠짐없이 그 모임에 참석했다)이 끝나고 그날 성경 말씀을 가르치던 사람, 전에 한 번도 만난 적이 없고 나에 대해 전혀 모르던 사람이 내가 있는 쪽을 바라보더니 직접 해 준 말이 있다. 내가 자리한 쪽에서 보았을 때 그는 사람들의 어깨 너머로 머리만 보였지만 분명히 나에게 말을 하고 있었다. "그래요. 당신에게 하는 말입니다." 그는 내가 앞으로 남은 평생 사람들을 기도로 이끄는 특권을 누릴 것이라는 생각이 든다고 힘주어 말했다. 무엇보다 그 말을 들었을 때 숨이 멎는 듯했다. 그는 내가 단순한 기도가 아니라 이전에 한 번도 경험하지 못한 열정적이고 초점이 달라진 새로운 차원의 기도로 사람들을 이끌 것이라고 했다.

그 사람이 그날 아침 내 인생에 준 하나님의 말씀을 들으며 나는 가슴이 뜨거워졌다. 그의 말이 옳다는 것을 직감했다. 구체적으로 그 말이 무슨 의미인지는 확실하지 않았다. 다만 앞으로 내 인생의 소명이 기도에 있다는 사실은 분명히 알 수 있었다. 실제로 그가 한 말의 무게가 얼마나 생생하게 각인되었는지, 나는 그가 구체적으로 인용한 성경 구절을 마음에 되새기며 집에 오자마자 기억나는 대로 한 글자도 빠짐없이 종이에 적었다. 그날 있었던 일을 적은 쪽지를 지금도 갖고 있다.

이제 그 쪽지를 다시 보면서 그 첫 모임에 나뿐 아니라 당신도 함께했다는 사실을 분명히 알 수 있다. 그날 하나님은 당신도 염두에 두고 계셨다. 세월이 흘러 이 책으로 우리가 함께 만나서 열정적인 기도를 드리고 싶은 간절한 마음으로 하나가 되리라는 것을 하나님은 알고 계셨다.

실제로 지난 10여 년 동안 나는 많은 사람들이 기도에 집중하도록 권면하는 특권을 누렸다. 물론 이렇게 기도에 대한 책을 쓰리라고는 생각하지도 못했다. 나는 먼저 달라스의 고향 교회에서 사역을 시작했고 하나님이 기회를 주시는 대로 전국 각지에서 열리는 우리 단체의 집회에서 이 사역을 했다. 지금까지 프로그램의 일부로, 참석한 사람들에게 진심어린 기도 제목과 기도 내용을 준비한 카드에 쓰게 한다. 그 다음에는 예배 시간에 강단 계단에 그 카드들을 가져다 놓도록 한다. 그런 다음 수백 수천 가지 필요를 너무도 생생히 보여주는 기도문을 앞에 두고 내가 전체 기도회를 인도한다. 기도회가 끝나면 기도가 적힌 카드들을 모두 모은 후 각자 다른 사람의 기도 카드를 뽑아 집으로 가져간다. 그리고 잘 보이는 곳에 두고 다음 7일 동안 그 기도 제목을 가지고 간절히 기도하겠다는 약속을 지키도록 한다. 이렇게 해서 이 세상에서 다시 만날 가능성이 없을 수도 있는 누군가의 기도 제목을 두고 서로 기도할 수 있다.

긴 시간 이런 기도회를 주관하며 서로 기도하게 했지만 이 일에 얼마나 많은 여성들이 참여했는지는 정확히 모른다. 다만 오래 전 그 모임 이후로 여성들이 카드에 기도를 적고 정말로 중요하다고 생각하는 내용에 관심을 집중하며 그 기도들을 꾸준히, 부지런히 하나님 앞에 가져감으로써 너무나 중요한 일이 일어났다는 것만은 자신 있게 말할 수 있다.

우리가 이렇게 책으로 만나 기도의 열정으로 한마음이 되도록 하나님이 기회를 주셨다는 사실 또한 확실하다. 실제로 그분은 바로 그 첫 성경공부 모임에서 당신에 대해 속삭여 주셨다. 그 당시에는 몰랐지만 이제 분명히 알 수 있다.

바로 당신이다.

하나님이 마음에 두셨던 이는 당신이다.

그러므로 이 책을 마무리하는 이 시점에서 하나님과 기도에 헌신하도록 격려하는 말로 마지막 당부를 하고자 한다.

이 책을 프롤로그에서도 말한 대로 책장이 해어질 정도로 읽어야 한다. 투자한 만큼 돌려받아야 한다. 기도를 생명줄이자 생활 방식이 되게 하라. 가슴에, 손바닥에, 그리고 우리가 준 쪽지에 말씀을 적는 일을 계속하라. 이런 기도들과 그분의 약속들을 입으로 되뇌일 때 정말 중요하면서도 놀라운 일이 일어난다. 행동으로 옮길 때도 마찬가지다.

그러므로 그 기도와 말씀을 벽에 붙이고 욕실 거울에도 붙이라. 자동차 운전대 앞에도 붙여 두라. 사무실 책상 앞에도 붙여 두라. 보고 싶고 말로 기도하고 싶은 곳이면 어디든 붙여 두라. 그렇게 해서 마음이 변화되는 놀라운 일을 경험하라. 그분의 말씀은 진리다. 적은 그 말씀 앞에 두려워 떤다. 적은, 모든 만물이 하나님의 전능하신 능력을 인정하며 두려워 무릎꿇을 대심판의 날까지 그분의 말씀을 인정하지 않겠지만, 그것이 사실인 것은 너무나 잘 안다. 이렇게 해서 우리 인생에 대한 그의 영향력과, 그가 원하면 무엇이든 할 수 있고 우리가 저항하거나 되받아칠 힘이 없다는 오만한 착각의 종말이 시작된다.

그가 얼마나 충격을 받겠는가.

이 모든 일이 기도로 시작된다.

그러므로 감사함으로 기도를 드리라. 바울은 "아무 것도 염려하지 말고 다만 모든 일에 기도와 간구로, 너희 구할 것을 감사함으로 하나님께 아뢰라"(빌 4:6)고 말했다. 모든 필요를 가지고 하나님께 담대히 나아가라. 죄책감이나 두려움 혹은 수치심은 모두 버리라. 그리고 언제나 감사함으로 기도하라. 그분의 성품과 이미 이루신 일, 그리고 현재 하시는 일에 대해 감사할 때 그분을 신뢰할 수 있을 것이다. 정확히 무엇을 기도해야 할지 모르겠다면 감사로 시작하라. 지금 이 순간 어떤 어려움으로 압박감을 느끼더라도 그분이 함께하시며 돌보아 주신다는 사실을 안다고 소리 내어 고백하라. 이것은 사실이다. 그분은 지금도 조용히 우리를 위해 일하고 계신다. 우리를 위해 준비하고 계획하고 계신다.

그분은 전능하신 분이며 주권자시다. 진실하고 공정하며 영원히 영광을 받으셔야 할 분이며 적의 의도를 다 간파하는 분이시다. 우리 인생에 어떤 일이 닥치더라도 그것은 우리가 아버지의 품에 안겨 어려움을 이겨내는 또 다른 기회다.

우리는 그분의 품에 안기기를 원한다. 그 품 안에서 그분이 주시는 평안, "모든 지각에 뛰어난 하나님의 평강이 그리스도 예수 안에서 우리 마음과 생각을 지키실 것이라는 사실"을 알게 된다(빌 4:7).

그러므로 이것이 전쟁이며 매일의 싸움임을 알지만 열정을 가지고 안식의 자리에 나아가라. 하나님은 우리를 위해 싸우는 분이시다. 그분이 승리하실 것이다.

> 능히 너희를 보호하사 거침이 없게 하시고 너희로 그 영광 앞에 흠이 없이 기쁨으로 서게 하실 이 곧 우리 구주 홀로 하나이신 하나님께 우리 주 예수 그리스도로 말미암아 영광과 위엄과 권력과 권세가 영원 전부터 이제와 영원토록 있을지어다 아멘(유 24-25절).

아멘.

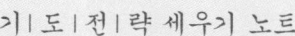

기 | 도 | 전 | 략 세우기 노트

- 찬양 (P)

- 회개 (R)

- 요청 (A)

- 약속의 확인 (Y)

기 | 도 | 전 | 략 세우기 노트

- 찬양 (P)

- 회개 (R)

- 요청 (A)

- 약속의 확인 (Y)

기|도|전|략 세우기 노트

- 찬양 (P)

- 회개 (R)

- 요청 (A)

- 약속의 확인 (Y)

당신이 기도의 자리를 지킬 때
기도의 골방

1판 1쇄 2018년 6월 5일
1판 8쇄 2024년 10월 30일

지은이 프리실라 샤이러
옮긴이 김진선
발행인 조애신
책임편집 이소연
디자인 임은미
마케팅 전필영
경영지원 전두표

발행처 도서출판 토기장이
주소 서울시 마포구 동교로 71-1 2F
출판등록 1998년 5월 29일 제1998-000070호
전화 02-3143-0400
팩스 0505-300-0646
이메일 tletter77@naver.com
인스타그램 togijangi_books_

ISBN 978-89-7782-394-5

- 이 책은 저작권 법에 따라 보호를 받는 저작물이므로 무단 전재와 무단 복제를 금합니다.
- 이 책의 전부 또는 일부를 이용하려면 반드시 저자와 도서출판 토기장이의 동의를 받아야 합니다.

도서출판 토기장이는 생명 있는 책만 만듭니다.
"우리는 진흙이요 주는 토기장이시니 우리는 다 주의 손으로 지으신 것이니이다" (이사야 64:8)